读懂财报
关键指标

从数字表象到经营真相

黄玲 ———— 著

人民邮电出版社

北京

图书在版编目（CIP）数据

读懂财报关键指标：从数字表象到经营真相 / 黄玲著. -- 北京：人民邮电出版社，2022.5
ISBN 978-7-115-58765-7

Ⅰ. ①读… Ⅱ. ①黄… Ⅲ. ①会计报表－会计分析 Ⅳ. ①F231.5

中国版本图书馆CIP数据核字(2022)第037622号

内 容 提 要

财务报表能帮助管理者调整企业战略方向、精准决策投融资，也能帮助投资者、债权人判断企业价值、掌握企业经营情况。

本书共10章，首先，对利润表、资产负债表、现金流量表的常见问题用生动的语言、形象的比喻进行讲解，来帮助读者正确认识三大报表，快速走进财报的大门。然后从不同视角出发，讲解了各视角中需要关注的财报侧重点，如投资者如何判断企业盈利与发展能力、债权人如何判断偿债与营运能力、管理者如何借助财报调整企业战略发展方向并发现内控舞弊、四大行业中财报的各自特点等，能满足不同新手的需求。最后，从识别财报造假为结束，夯实对财报的认知与分析方法。

本书用情景案例轻松"翻译"了企业的经营活动，非常通俗易懂。其案例丰富、实用性强，适合投资者、债权人、管理者作为财报学习的入门读物。不懂财务的人也能轻松读懂财报。

◆ 著　　　　黄　玲
　　责任编辑　刘　姿
　　责任印制　周昇亮

◆ 人民邮电出版社出版发行　　北京市丰台区成寿寺路 11 号
　　邮编　100164　　电子邮件　315@ptpress.com.cn
　　网址　https://www.ptpress.com.cn
　　北京虎彩文化传播有限公司印刷

◆ 开本：700×1000　1/16
　　印张：16.25　　　　　　　　2022 年 5 月第 1 版
　　字数：234 千字　　　　　　 2025 年 11 月北京第 11 次印刷

定价：69.80 元

读者服务热线：(010)81055296　印装质量热线：(010)81055316
反盗版热线：(010)81055315

前言 ▼

　　张总的房地产企业在当地一度很不起眼，因机缘巧合，赶上了房地产行业发展最景气的时候，大赚了一笔，摇身变成当地的房地产大企业。为了扩大企业规模，张总决定对外投资，恰巧有家从事装修设计的公司找张总寻求合作。对方提供了财务报表及发展规划，看着近似完美的财务报表，张总认为该公司是一家很有前景的公司，当场同意合作，并投入了大量资金。张总不知道的是，对方只是外强中干，为了获取投资对财务报表进行了粉饰，张总这次投资的结果可想而知。正是因为张总看了错误的财务报表，仅采信了其表面的数据信息，并未进行深层次分析，最终做出了错误的决策，投资才会失败。

　　老板不懂财务报表，导致企业陷入困境的案例比比皆是。对于并非财务专业出身的老板、高管、投资者、债权人，在面对由一串串数字构成的财务报表时，如果不能理解数字背后的含义，极容易做出错误的决策，导致资产流失、投资失败、债权损失。

　　本书专门站在老板、高管、投资者、债权人的角度，从企业的运营、管理、投资和融资等角度思考，通过对企业的财务报表进行全面、详细、系统的分析，充分阐述如何评价企业价值，让非财务人员也能看懂企业的财务报表。

本书特色

本书有如下特色。（1）通俗易懂。用通俗的语言讲述专业术语，从非财务专业人员的视角解释财务报表的作用。（2）贴近实际。将理论与实战结合，通过案例分析，围绕老板、高管、投资者、债权人的需求，对财务报表的相关知识进行详细、系统的介绍。（3）多视角。从老板、高管、投资者、债权人的视角，将其在日常企业经营中可能遇到的问题展现出来，并展开深入浅出的分析，更有助于相关人员看到财务报表数据背后所隐藏的企业信息。（4）实用性强。帮助读者把理论知识迅速转化成工作技巧，快速掌握企业的相关信息。

内容介绍

本书共 10 章，依据《小企业会计准则》，分别从基础理论、财务报表的构成及其运用展开分析，从老板、高管、投资者、债权人的角度对企业的财务报表进行了全方位的讲解，具体内容如下。

第 1 章主要介绍了财务报表的重要地位、作用以及来源，对财务报表进行了系统的介绍，让读者对财务报表有大致的了解，意识到财务报表的价值。

第 2 章、第 3 章、第 4 章从财务报表的三大主表，即利润表、资产负债表和现金流量表入手，结合具体案例，采用情景对话的独特形式，对企业三张财务报表的重要项目进行了详细的介绍。这些案例都是老板和各级管理者在实际工作中遇到的，贴合实际，实战性强。

第 5 章则对三张财务报表之间的关系进行解析，分别对财务报表不同的使用人对财务报表的关注点进行了详细的介绍，同时还介绍了财务报表的四种分析方法。

第 6 章、第 7 章和第 8 章则分别站在投资者、债权人和企业管理者的角度，结合具体案例介绍如何根据财务报表对企业的盈利能力、发展能力、偿债能力和营运能力进行深度的分析，同时对企业容易发生的舞弊事项及如何发现企业舞弊的方法进行了分析。这三章的介绍，有助于投资者做出投资决策，有助于债权人做出是否借款的决策，有助于企业管理者分析企业未来的发展方向，以及发现企业内部的舞弊行为等。

第 9 章对不同行业企业的财务报表进行了系统的分析。本书选取了四个与我们日常生活息息相关的行业，分别是房地产行业、制造业、农业和零售业，介绍其财务报表。同时也对处于不同生命周期的企业的财务报表的特点进行了介绍，便于财务报表使用人对所关心的企业所处的发展阶段有一定的了解，为其决策提供依据。

第 10 章对财务报表造假的目的和识别方法进行了介绍，从四个不同的角度对财务报表造假的目的进行了详细的分析，并且对识别财务报表造假的方法进行了介绍，让老板和各级管理者不仅能看懂财务报表，而且能分析出财务报表真实与否。

作者介绍

本书由黄玲创作。黄玲拥有注册会计师、税务师、资产评估师、国际注册内部审计师、房地产估价师等资格证书，就职于永然法财税（山东）集团有限公司。

黄玲担任山东省注册税务师协会理事、山东省党外新阶层知识分子联谊会理事；被几十家上市公司和大型非上市公司聘为企业的财税顾问，并主导和参与百余家大型公司的财税筹划、企业重组、企业架构整合等事务。

黄玲在 2018 年首次提出了"法财税融合"的观念，并在《中国注册会计师》杂志发表《法财税融合与企业安全盈利》一文，在《山东省注册税务师》杂志发表《法财税融合》一文。其组织涉及法律、财务、税收、人力资源、知识产权、品牌策划、资产评估等十几个领域，以研究法财税融合为课题的专家小组，开设法财税融合网站，发表相关研究成果，并开设近百场网课，收听、收看人数达到近二十万。

读者对象

本书主要面向老板、高管、投资者、债权人，是有关财务报表分析的指导类图书，帮助读者通过企业的相关数据了解企业状况。很多老板、高管、投资者、债权人因为工作繁忙、时间紧迫、财务专业知识掌握不多，很难读懂企业的财务报表。本书以精简的理论结合大量的案例与分析，帮助老板、高管、投资者、债权人，轻松了解企业的财务状况、经营成果和现金流量。

致谢

本书的创作，是在张增强老师、任康磊老师的鼓励下完成的。同时，感谢刘萍、王慧娟、张蕊、刘东、矫荣华、都美瑜等会计师、税务师对编写工作的支持。本书在编著过程中充分考虑到会计、法律、税务与实际业务的结合，实用性强、知识面宽，充分体现集体创作的智慧。

目 录
▼

第3章 ● 资产与权益——企业价值的展示舞台

第4章 ● **现金——企业生存的血液**

第5章 ● **手把手带你读财务报表**

第 6 章 ● **如何通过财务报表评判企业的优劣**

第 10 章 ● **影响分析财务报表的因素**

第一章 看懂财务报表，成功了一半

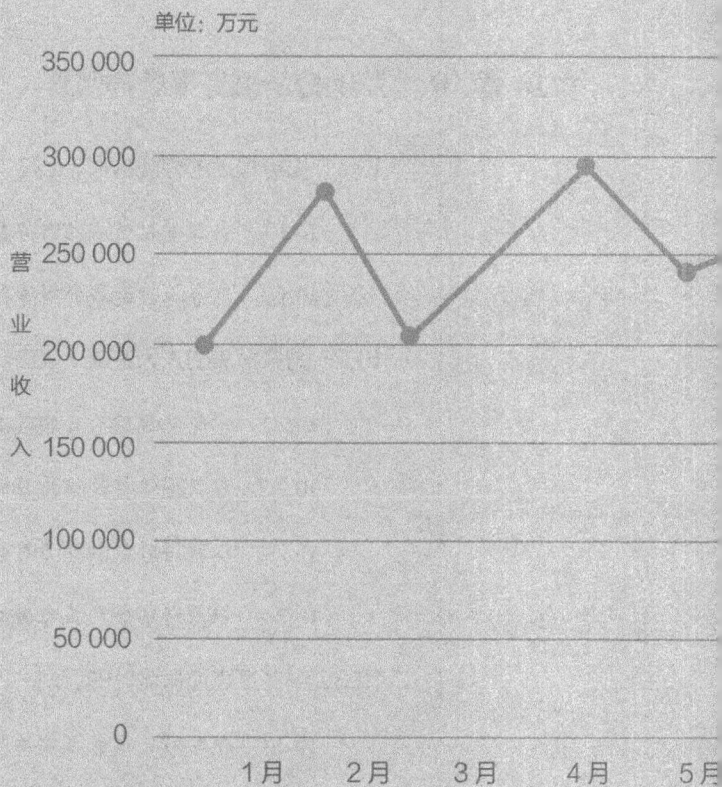

单位：万元

营业收入

350 000	
300 000	
250 000	
200 000	
150 000	
100 000	
50 000	
0	

1月　2月　3月　4月　5月

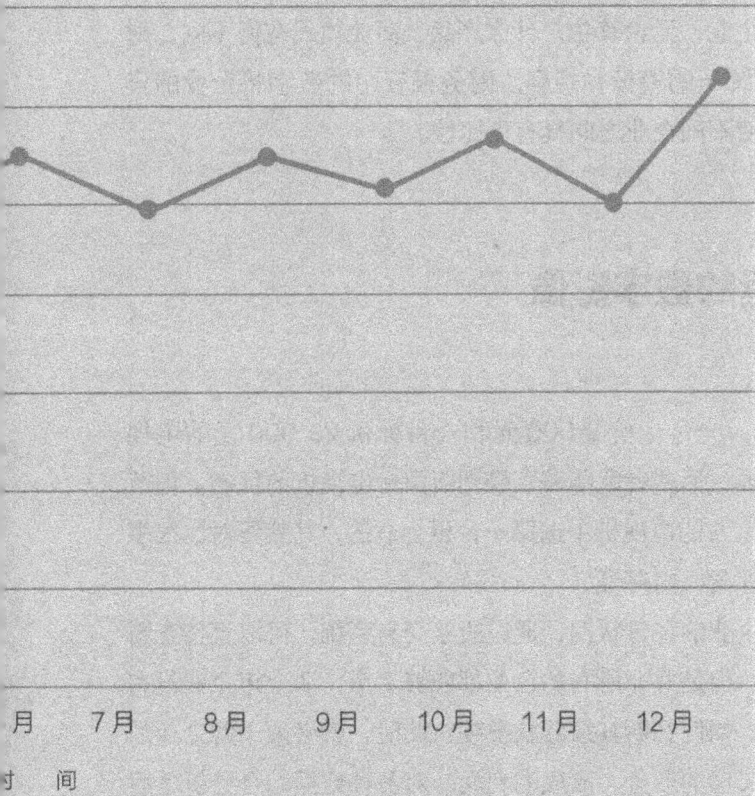

月   7月   8月   9月   10月   11月   12月

时   间

无论什么性质的企业，无论其生产什么产品、商业模式有何不同，财务报表的编制都遵循统一的模板和规则。财务报表中的数字将企业的资产、负债进行量化，使不同企业之间具有可比性。

1.1　企业命运的数字影像

在选购电视机时，一台标价 2 000 元和一台标价 20 000 元的电视机，也许不必思考太多，消费者就能够直接判断两台电视机的优劣。但若在价格都是 2 000 元左右的电视机中选择一台更合适的，其就要对比很多指标，比如尺寸、处理器、内存等。

如果我们要评判企业的经营状况，通过股票交易系统，可以直接查看上市企业的股票价值。但是并非所有的企业都能够上市，非上市企业没有公开的市场交易价格，如何判断其经营状况呢？此时，就必须了解企业的规模、拥有的资产、欠付的债务、形成的利润，对各种数据综合分析之后才能做出判断。

那么企业的这些数据和指标是如何体现的呢？

答案就是：通过财务报表体现。

1.1.1　企业排名是由什么决定的

高考是很多学子人生路上的分水岭，高考排名开启了学子不同的人生。通过评分筛选人才的机制一直在被不断地修改。

在互联网发达的时代，人们能通过各种搜索引擎查询世界企业500强、中国企业500强、某某省百强企业排行榜、棉纺织行业企业排行榜等。这些排行榜中的排名无论是否严谨和权威，都确确实实影响到了企业的知名度。这些关系着品牌价值的排名，都与企业通过各种渠道对外公布的财务报表中的数据有关。

财务报表就像企业的数字名片。这些反映企业经营情况的数据，全面系统地揭示了企业的财务状况、经营成果和现金流量，是相关人员了解企业的重要资料。透过财务报表中的数据，可以对企业的规模、发展状态、盈利能力、运营情况有更加深刻的了解。

财务报表就是解读企业的一把密钥。巴菲特说过："分析财务报表是分析企业的开始"。投资人会利用财务报表分析企业的盈利能力和发展潜力，是否具备发展前景，是否具有投资价值，来降低投资的风险。债权人通过查看企业的财务报表，分析其是否有足够的资金偿还本金和利息、是否值得发放贷款，了解企业的债务风险，为做出贷款决策提供依据；政府、行业协会及其他组织还会利用财务报表了解和把握各行业、各地区的经济发展情况，优化资源配置，为企业的发展提供良好的经济环境。税务机关通过财务报表了解企业的营业收入和利润，从而确定企业的应纳税额，判断其有无偷、漏税的行为，更好地发挥国家经济管理部门的指导、监督、调控作用。

财务报表就是企业的"体检表"。企业无论大小，都需要编制财务报表。财务报表有利于企业经营者了解本企业各项任务的完成情况，评价管理人员的经营业绩；及时发现企业的经营管理是否存在漏洞，加强企业的管理；制定有效的措施，改善经营管理水平，提高经济效益，为经济预测和决策提供依据；分析企业的发展前景以及发展方向，决定是继续扩大已有产品的销售市场还是研发新产品；分析如何提升企业的行业地位，为企业的发展做出正确的部署。

企业的竞争者可以通过对同行业企业的财务报表进行分析，了解自己的行业地位，认清自己的实力，从而发现自己的优势和不足，改变竞争策略，调整企业的发展战略和规划，从而有利于企业更好地发展。

财务报表的重要性不言而喻，读懂财务报表已经成为每个经济工作者必备的基本技能，掌握这项技能，也是本书希望能够带给大家的。

1.1.2 从财务报表中看企业信用

某一企业突然倒闭了，引发了连锁反应——债权人上访、法院立案、消费者的权益无法得到保障。导火索是企业的贷款银行停止授信，并申请冻结了企业的资产。

银行授信发放贷款之前，需要审查企业的财务报表，并确定企业是否符合贷款的要求。企业为了获得贷款，要对银行放款的要求了如指掌。一旦企业真实财务报表的数据不能满足银行的基本要求，不能获得贷款支持，资金链将断裂，并把企业推向破产的边界。财务报表造假似乎成了出现重大财务危机的导火索。

财务报表反映企业经济事实，相互交错的数据信息，牵一发而动全身。假的真不了，真的假不了。一旦被发现错报财务报表数据，企业将失去报表使用人的信任。

银行的审查能力被造假的企业忽视，银行反造假的鉴别手段在不断提升。对于一个造假的企业，银行自然也会调低其信用等级。

信用是企业发展的立足之本。企业对债权人失去信用，将无法获得融资；对股东失去信用，将无法获得发展的机会；对消费者和客户失去信用，产品销量将下降，无法参加招投标；对政府失去信用，各种资质申请、政府采购项目等都会与其失之交臂。企业运行的每一步都需要信用这张"身份证"。

财务报表造假危害的不仅仅是企业自己，对整个经济社会的影响也是深远且巨大的。

1. 扰乱市场秩序

国家作为社会经济最大的投资人，对错误的财务报表进行分析，将做出错误的经济决策，引发经济混乱。会计信息的失真，也使相关核算资料不真实，市场经济的发展失去基础，资产流失，国家利益遭受损害。

2. 危害广大社会投资者利益

社会投资者能够将各种闲散资金集中起来，是使闲散资金重新流回社会经济活动中的重要参与者。社会投资者没有金融机构的专业审查能力，分布也较为广泛且分散，对企业的投资偏感性，信赖企业提供的财务报表，并通过对财务报表进行较为简单的分析后，根据财务报表中盈利能力、发展能力等指标做出是否出资的决定。而造假的财务报表会损害这部分社会投资者的利益，严重的会使闲散资金不再流入社会经济活动中，从而使整个社会的资金流速变慢，影响经济发展。

1.2 走进财务报表

企业是个复杂的社会生命体，以营利为目的，通过采购、加工生产、销售商品和提供服务换取营业收入。企业是由各种岗位的人共同协作，在相互交织中不断完成各种经济活动的组织。那么财务报表又是如何利用数字体现这样一个庞杂的社会组织的经营、盈利等情况的呢？

1.2.1 三个维度解析企业优劣

如果让我们回答，可口可乐公司与肯德基公司哪一家公司更好，也许很多人会以自己对产品的关注程度进行判断，也有人会以产品的知名度、市场的广泛度来判断，但这都不能体现出两家公司真实的情况，就像盲人摸象，每个人看到的都是企业的局部。剔除对企业的感性思维，可以从三个维度塑造出一个立体的企业形象。

维度一：企业的财务状况。

我们往往通过企业的规模、拥有资产的价值总量等来评价企业的财务状况。资产当然不仅仅包括"钱"，还包括有形资产和无形资产。资产的价值总量越大，就代表企业越有实力。

一个人看起来很有钱，但这个人的钱都是借来的、父母的，并不是自己赚来的钱，那么这个人归根结底，还是没有钱。企业也是一样，看起来有很多资产的企业，但如果这些资产都不属于企业，企业本身没有"造血"能力，那这个企业的财务状况也较差。

企业的资产的来源主要有两个方面：一是企业的所有者投入，并通过经营不断积累形成的；二是企业借的或者企业购买商品或者接受劳务等欠付的钱。一般来说，来源于第一种途径的资产，代表了企业的真正价值。

2020年1月1日，甲企业的资产为10 000万元，其中有4 000万元来源于所有者投入以及经营形成的利润。乙企业的资产为7 000万元，其中有4 500万元来源于所有者投入以及经营形成的利润。

企业的财务状况是指企业的资产以及资产的两种来源在某一时点的状况。甲企业的资产显然多于乙企业，但是乙企业的自有资产要明显多于甲企业，自有资产是无须偿还的。所以通过对企业的财务状况的比较，我们可以判断出企业的实力。

维度二：企业的经营成果。

仅仅通过维度一，还不能完全评价出两个企业的价值，因为企业的经营发展是动态的。

2020年，甲企业利用10 000万元的资产赚了3 000万元利润。乙企业利用7 000万元的资产赚了2 000万元利润。那么截止到2020年12月31日，甲企业来源于所有者投入以及经营形成的利润从4 000万元增至7 000万元，而乙企业来源于所有者投入以及经营形成的利润由4 500万元增至6 500万元。

虽然在2020年1月1日，甲企业的自有资产低于乙企业，但是经过一年的时间，甲企业的自有资产就比乙企业高出500万元。这也说明，企业的经营发展是动态的，评价企业不能只从静态的维度衡量，还要考虑企业的动态的盈利能力对企业未来的影响。

企业在一段时间内的经营成果会影响企业的财务状况。这也就是维度二，即企业的经营成果对评价企业的作用。

维度三：企业的现金流量。

有企业的财务状况和经营成果评价企业，还需要第三个维度吗？

2020 年，乙企业当年所赚 2 000 万元利润全部为现收款。甲企业虽然赚了 3 000 万元利润，但是有 1 000 万元的营业收入并没有收回现金，采用了赊销方式。在 2020 年末，甲企业赊销的丙企业破产清算，1 000 万元的营业收入基本无法收回，也可能会导致甲企业无法及时偿还到期债务，面临破产。

可以看出，经营成果固然重要，但是如果没有了资金流，利润也可能变成假利润。即使甲企业的应收账款在 N 年后得以清偿，但资金短缺，也会导致甲企业的经营受到极大的限制。

所以还需要增加第三个维度——企业的现金流量，来评价利润的质量。应从三个不同的维度对企业进行综合的评价，这三个维度相互支持和补充，全面展示企业价值。

1.2.2　三张财务报表诠释三个维度

财务报表主要包含三张报表：资产负债表、利润表和现金流量表。这三张财务报表又恰恰反映了体现企业价值的三个维度，即企业的财务状况、企业的经营成果和企业的现金流量。

1. 资产负债表

资产负债表所反映的就是企业的财务状况。一个企业一共有多少资金，有多少固定资产，有多少存货，哪些资产是股东投入的，哪些负债是欠供应商的等，这一系列问题都可以在资产负债表中寻找到答案。资产负债表能够提供企业某一特定日期的资产、负债和所有者权益的金额。

比如，在企业 2020 年 12 月 31 日的资产负债表中，财务报表的期初数就是 2020 年 1 月 1 日的数据，那么期末数自然就是 2020 年 12 月 31

日的数据。期末数减期初数就能反映这一年中财务状况变化的情况。

但这种静态的信息也有缺点，其不能反映形成这种财务状况的原因。就像我们在看应聘者不同时期的照片时，虽然对此人的外在一目了然，但却无法通过照片了解此人的成长经历，无法评估此人的行为特点。

2. 利润表

利润表反映的是企业的经营成果。从利润表中可以看出企业在年度中究竟赚不赚钱，赚了多少钱，营业收入有多少。所以利润表对资产负债表是一个重要补充，其通过提供动态的财务信息，反映企业一定期间的经营成果，从而使相关人员可以据此判断财务状况发生变化的原因，评估企业创造价值的能力。通过历年利润表数据的变化，还可以判断某个企业经营得是不是越来越好。

利润表就像应聘者的各种成绩单和工作成果，这样一张成果简历表，让我们能够对这个人有更加深入的了解和评判。

利润表和资产负债表相辅相成，基本可以反映企业的面貌。可以依据这两张报表提供的数据分析企业的盈利能力、营运能力，预估未来企业的发展走向。照片和成果简历表让我们对应聘者有了初步的判断，可据此判断应聘者能否胜任岗位。

3. 现金流量表

现金流量表反映的是企业的现金流量。其不但能弥补资产负债表、利润表的不足，还可以提供一定时期现金流入和流出的动态信息，反映企业在报告期内通过"经营活动""投资活动""筹资活动"获得多少现金，以及获得的现金又是如何运用的，从另一个角度说明资产、负债、所有者权益变动的原因。经济活动产生的现金流量又能从另一个角度说明企业实现利润的可靠性。现金流量表就像我们找到的了解应聘者的人，其从另一个角度告诉我们，照片和成果简历表中的信息是否可靠。

这三张财务报表构成了企业的全息影像，是企业经营发展的真实写照。三张财务报表相互独立，又相互联系，彼此印证又相互补充。这三张报表充分体现了企业的经营情况。将三张财务报表联系起来分析，就能取得事半功倍的效果。

1.2.3　企业财务报表从哪里来

既然企业的财务报表这么重要，那么财务报表是由谁编制的？又是在什么时候编制的？编制的财务报表都会报给谁？在哪里可以得到财务报表呢？

财务报表是由企业的财务人员，依据国家统一规定的准则，根据企业实际发生的每一笔经济活动编制而成的。因此，财务报表编制的准确性不但依赖于财务人员对准则的理解，更受每一笔经济活动能否准确地反映于原始凭证的影响。

财务报表的编制时间应在期末最后一天。期，指的是一段时期，会计中的期主要是指月度、年度。每月、每年的最后一天就是财务报表的编制截止时间。在这一天，所有的业务均"停止"，连续的业务也会以停滞在这个时点的状态为标准被核算。财务人员将数据统计起来，编制的财务报表就会反映截至这一时点的企业状况。期间就是一个月度期间、一个年度期间。企业的利润情况、资金流动情况等都会反映在财务报表中。

编制好的财务报表将通过各种渠道和方式送到报表使用人手中，供其了解企业，分析企业的经营情况。对于普通的企业，财务信息的私密性较强，主要是财务人员编好财务报表后，直接送给报表使用人。对于上市企业来讲，企业的股东众多，企业的信息都是采用公示的方式提供的，公示这种方式不但可以使股东快速掌握企业信息，也可以使政府、债权人、消费者以及企业的竞争对手等查看到企业的财务信息。

下载上市企业的年报主要有以下几种途径：（1）中国证券监督管理委员会官网；（2）巨潮资讯网，巨潮资讯网是中国证券监督管理委员会指定的上市企业信息披露网站；（3）东方财富网；（4）上海证券交易所官网；（5）深圳证券交易所官网。

第 2 章 获得利润——企业经营的目的

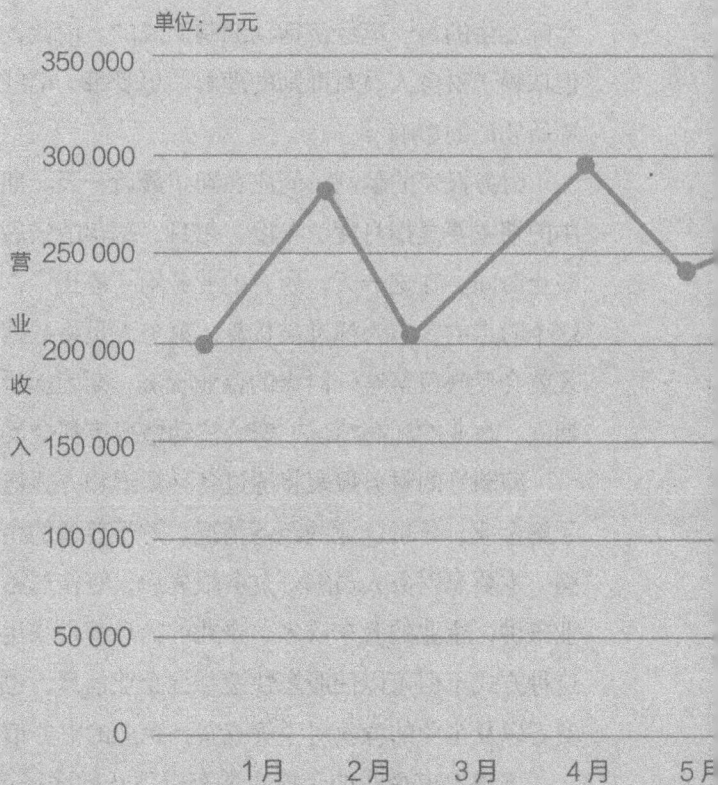

单位：万元

营业收入

```
350 000 ┤
300 000 ┤
250 000 ┤
200 000 ┤
150 000 ┤
100 000 ┤
 50 000 ┤
      0 ┼────┬────┬────┬────┬────
        1月   2月   3月   4月   5月
```

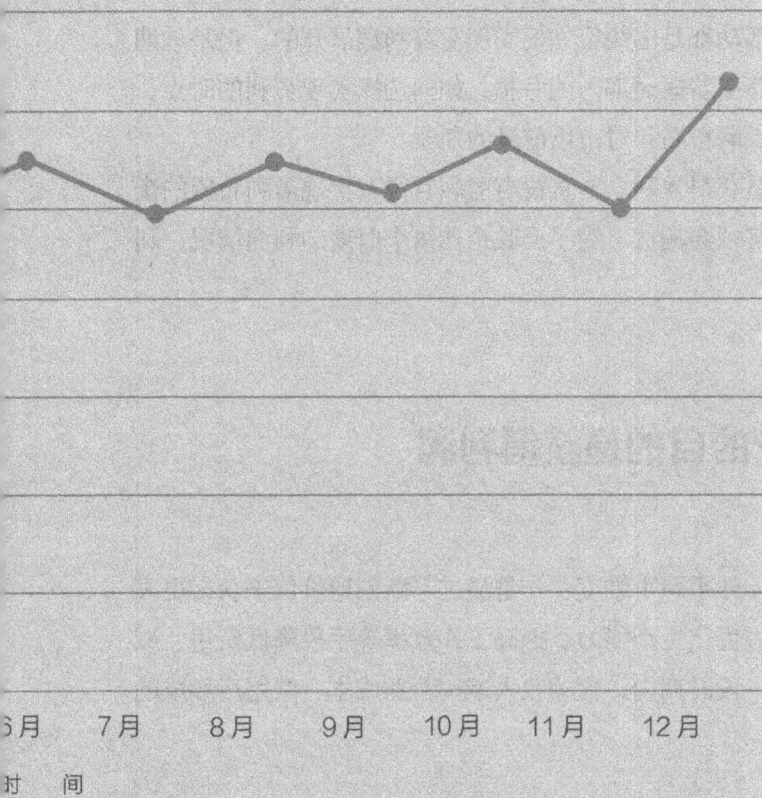

6月　7月　　8月　　9月　　10月　11月　12月

时　间

企业的一切经营活动都是围绕着如何实现更高利润展开的。但是远期更高额度的盈利往往伴随着短时期内的亏损，如何选择实现盈利的时点，就要看企业管理者的战略布局和对市场前景的判断。

企业经营的目的是获得盈利。一直没有盈利且没有实现盈利希望的企业，面临的就是被经济社会淘汰。为了反映企业每个时期的利润情况，利润表应运而生。

2.1 企业经营的目的是获得利润

获得盈利的方法无外乎两个维度：一是通过不断创造价值来获得更高的营业收入；二是通过优化生产能力、提高工作效率等手段降低费用、减少开支。利润就是在一段时期内，营业收入减掉营业成本、费用后形成的经营成果。

2.1.1 不管黑猫还是白猫，能抓商机的就是好猫

耀晖集团下设一家小型农业机械制造公司，主要生产和销售传统农业机械，聘请李力担任该公司的总经理，每年的考核指标主要是净利润。虽然 2007 年全年的利润还不错，但在 2007 年年底销售渠道出现问题，2008 年的利润可能会受到严重影响。2008 年 3 月钢价一路攀升，一天中涨价

四五次，面对上年采购的大量原材料（钢材）囤积在仓库里，李经理嗅到商机，虽然产品卖不出去，但是原材料却大幅度增值。

李经理为回笼资金，迅速组织售卖了大部分钢材，获得 900 万元的营业收入，除去买钢材的营业成本 600 万元，净获利 300 万元。公司的老员工对此却抱有不同的观点，一个生产农业机械的公司，把原材料都卖了，这不是正经开工厂的人应该做的。随后李经理召开了会议，引用"不管黑猫还是白猫，能抓耗子的就是好猫"的观点说服了管理人员。

案例中，虽然产品的销量不尽如人意，但是公司领导快速抓住商机，组织销售囤积的原材料，让资金得以迅速回笼，正迎合了那句话——企业的经营是为了获得利润。

2.1.2　杀鸡取卵的盈利带来了倒闭

接上例，李经理销售钢材获利后，发现钢材价格持续攀升，于是想再次囤积钢材，利用价差再赚钱。李经理认为这要比开拓农业机械市场更为容易，但也需要更多资金。李经理随后向耀晖集团申请资金，并讲明观点。

最终李经理并未获得集团公司董事会的资金支持，临近 5 月，眼看钢材价格有增无减的势头，李经理决定把生产设备变卖，获得一笔不小的资金，并将资金全部投入钢材的收购。2008 年 7 月起钢材价格一路下行，整个市场全面崩盘。而李经理囤积的钢材全部滞留在仓库，没能销售出去。

然而 2008 年年末该公司的利润表却呈现出一个让人吃惊的结果，由于 3 月销售钢材获得了不少利润，李经理变卖设备还获利 500 多万元，所以利润表中体现的盈利情况看起来还不错。这个净利润看起来非常不错的利润表，实际上掩盖的是该公司巨额的潜在亏损，滞留在仓库的钢材大幅度贬值。生产设备的变卖，甚至让该公司出现无法正常生产的停工状态。

李经理变卖设备的行为无异于杀鸡取卵、饮鸩止渴，只看中眼前的盈利，却忽视了企业的长期发展。

并不是所有的盈利都会被认为是有利于企业长期发展的。在对利润的分析中，还要强调利润形成的原因，说明哪些渠道形成的利润有利于企业长期发展，哪些是昙花一现的短期效益。

2.1.3　利润是算出来的，不是干出来的

十几年前，我还比较年轻。在和一位经营年收入过百亿元的集团公司的董事长王总聊天时，他发出一句感慨，让我一直印象深刻，对我触动也很大。那时我还在会计师事务所，受他委托对其集团的几个下属公司进行经济效益审计。

几个下属公司的员工都是聘请的职业经理人，其中一个下属公司是造船公司，总经理是王总表弟。这个造船公司的净利润持续增长，让王总表弟在集团的地位一路攀升。但是王总不以为然，他认为上年度钢材涨价较多，而生产能力没有扩张，该公司利润增长亮点不足。

进驻审计现场之前，王总提醒我，说了这样一段话："我的表弟是什么性格的人，我很了解。利润是算出来的，不是干出来的，你们去好好查查吧。"

审计结论证实了王总的说法。王总的表弟授意会计修改了几项关键成本费用的结转政策，影响了当期近1亿元的利润。而这个小小的调整，让造船公司本来在上年应该利润下滑的情况下，保住了连续三年净利润增长的局面。

事后，我们了解集团公司对连续净利润增长有着特殊的激励政策，这也是王总表弟无论如何也要保住增长这个指标的原因。

王总的公司那个时候的管理还比较粗放，但王总敏锐的市场嗅觉总是能察觉到各行业的异动，其选择的几个行业都在天时地利中胜出。高利润掩盖了企业内部管理的不足，首次聘请外部机构对公司进行经济效益审计，便暴露了很多问题。

从那以后，集团公司设置了财务中心，所有子公司的财务采用派遣

制。由集团董事会对子公司的财务核算规则进行统一的规定,并设计一定的区间范围,由子公司根据实际情况进行确定。如果更改,需要在当年的报告中计算清楚因更改政策影响利润的数据。

"利润是算出来的,不是干出来的。"这句话虽然颇有调侃之意,但也间接说明了,计算利润的政策需要一贯执行。

对于新开设的公司,利润计算的政策也应该由股东会先行确定。如果公司由聘请的职业经理人来确定利润计算的政策,那么利润很可能就是算出来的。

新联建手机连锁公司的董事长孙总发现在某城区手机专卖店很少,在那附近开手机卖场比较有优势。总经理办公会通过该提议后,孙总以70万元的价格租入了某大型商场一楼的一个区域,专门从事手机销售业务,签订的租赁期限为5年。孙总对门头和店面重新进行了装修,花费30万元。

孙总还在当地招聘了店长和店员,并与店长约定按照卖场每年的利润对其进行年底考核。而利润里会包含租金和装修费的摊销。那么30万元的装修费按几年摊销就成了店长和孙总之间重要的谈判内容之一。

在上述案例中,如果装修费按租赁期的5年摊销,那么每年减少6万元的利润。但如果是按更换装修的频率3年摊销(行业内一般是3年一装修),那么每年将影响10万元的利润。显然,作为店长,更希望按照5年的时间摊销,在营业收入不变的情况下,便增加了门店的利润。但无论按哪个年限摊销,提前确定,才不会让店长有日后随意调节利润的空间。

2.2 利润表——反映企业一个阶段的利润

企业的盈亏情况是通过利润表来反映的。利润表是反映企业在一定时期内的经营成果，以及经营成果是如何分配的。统一的计量和编制规则让不同行业、不同规模、不同产品的企业具有了可比性，所以利润表也是企业生产经营成果的集中反映。同时利润表还是衡量企业生存和发展能力的主要工具。

2.2.1 获得营业收入的主要途径

赵末经理投资成立了一家生产菜刀的公司，花了 11 万元购买了原材料和支付工人工资，加工制造出一批成品菜刀。销售人员小张在赵末经理的指示下找到了商家，经过软磨硬泡的谈判后，商家最终确定了以 13 万元的价格收购这批菜刀。但是商家开出的条件是，先支付 8 万元的货款，其余 5 万元货款在三个月后支付。

菜刀公司在刀把上增加手绘，融入故事，菜刀很受年轻人的喜爱。为迎合市场，菜刀公司还进行了厨具套装的产品开发，在 2019 年成功升级为年收入达 5 000 万元的厨具公司。赵末经理在新一年的战略规划中，增加了自有土地和房产的规划。

不久后，厨具公司就购置了厂房和新办公楼。为充分利用办公楼，赵末经理又将部分闲置的办公楼出租给某设计公司，租赁期为 5 年，每年收取 18 万元的租金。同时因发展迅速，该公司被当地政府评为"优秀进步企业"，并奖励 1 万元。

在上述案例中，销售菜刀的 13 万元，是菜刀公司的主要营业收入；闲置的办公楼对外出租获取的租金收入 18 万元，以及获得政府奖励的 1 万元，都属于公司总收入的范畴。

俗话说"条条大道通罗马"，获取收入的道路也有千万条。企业一般会有一项或几项主要经营活动形成的收入，称之为主营业务收入。企业也会有通过其他方式形成的收入，例如出租闲置厂房、投资等，也包括出售原材料、半成品等。那么企业的收入总额除了主营业务收入，还包括哪些内容呢？

厨具公司出租闲置的办公楼获取的 18 万元租金，称为其他业务收入。其他业务收入是企业主营业务以外的日常活动所取得的收入，涵盖出售原材料、半成品等。一般情况下，其他业务活动的收入较小，发生频率不高，在收入总额中所占比重较小。

厨具公司获取的政府奖励 1 万元，并非企业日常经营所取得的收入，带有一定的偶然性，通常称之为营业外收入。营业外收入有点"天上掉馅饼"的意思。

企业收入来源比较广泛，除了上述收入外，还有投资企业取得的分红收入、转让股票带来的收益，称之为投资收益。

2.2.2 营业成本和营业收入要有对应关系

上述材料中，菜刀公司花了 11 万元购买原材料和支付工人工资，制造的菜刀共获得 13 万元的收入。那么 13 万元是营业收入，11 万元自然就是营业成本。

如果当时商家只花了 6.5 万元买了一半菜刀，那么当期营业收入就是 6.5 万元，要想算出这笔业务的销售利润，就要计算出对应的营业成本。营业成本是整批菜刀的成本（11 万元），还是一半菜刀的营业成本呢？当然是一半菜刀的营业成本，即 5.5（11÷2）万元。

所以，营业收入与营业成本是依靠销售数量来连接的。也就是说，营业收入和营业成本是有对应关系的。

此时没有卖掉的另外一半菜刀的营业成本已经产生了，但是因为没有卖掉，所以这些菜刀并不能对利润产生影响。

那么赵末经理将闲置的办公楼对外出租获得营业收入，有没有对应的营业成本呢？当然有，办公楼随着时间推移，会遭受风吹雨淋并产生使用磨损，也在慢慢变得陈旧、破损，把陈旧破损的量称为折旧，这就是办公楼的营业成本。

所以对于菜刀公司来说，菜刀的营业成本就是生产菜刀所耗用资源的总额，称为营业成本。营业成本是企业创造营业收入必需的支出。

2.2.3 成本和费用不是一回事

菜刀公司在经营发展成厨具公司时，因公司资金紧张，菜刀公司通过向银行贷款来缓解资金压力，贷款期限为 6 个月，每月大约需要支付 1 万元的利息。同时为了提高自己的知名度，赵末经理便与公交公司协商，将印有自己公司产品宣传语的广告牌放在公交站点的等待区，每年支付广告费 8 万元。为了满足员工的工作需要，赵末经理还购买了笔、纸等办公用品，花费了 3 万元。

向银行贷款所支付的 1 万元利息，是财务费用的一种。票据贴现、汇兑损益以及向银行支付的手续费都属于财务费用的范畴。简单地说，财务费用就是公司在经营中，筹集钱款时所产生的费用。

公司为了提高知名度、增加销售量，在公交站点放置广告牌支付的 8 万元便是一种销售费用。销售费用是企业在销售产品的过程中发生的费用，不仅包括广告费，还包括其销售货物时发生的差旅费、保险费、运输费、包装费等。

为了满足日常的工作需要，购买的办公用品支付的 3 万元，称其为管理费用。管理费用是公司行政管理部门在服务和管理时所发生的费用。会议费、诉讼费、咨询费、企业在筹建期间的开办费都属于管理费用。

在会计上，管理费用、销售费用、财务费用统称为期间费用。之所以称三者为期间费用，是因为无论公司是否销售产品，是否有营业收入，这三种费用都会发生。期间费用更多与时间有关，是在一个期间内所发生的与营业收入没有直接关联的支出。

营业成本是生产产品所付出的代价，其与营业收入有着紧密的对应关系，其与期间费用有着本质的不同，因此两者并非一回事。

2.2.4　毛利润、利润、净利润有何区别

人们在吃自助餐的时候，经常会有一句话挂在嘴上，"这次能不能吃回本？"。在购买奶茶时，经常会聊到，"这奶茶的利润太高了"。

那么这里的"吃回本"，是不是不想让自助餐厅赚钱的意思？而奶茶利润太高，是指的毛利润还是净利润？其实很多人都会混淆毛利润、利润、净利润的概念。我们先看看利润表，简单了解财务报表中利润都有哪些类型，以及各种利润之间的勾稽关系。

表 2-1　利润表

编制单位：　　　　　　　　年　月　日　　　　　　　　单位：万元

项目	行次	本年累计金额	本月金额
一、营业收入	1		
减：营业成本	2		
税金及附加	3		
其中：消费税	4		
城市维护建设税	6		
城镇土地使用税、房产税、车船税、印花税	9		
……	10		
销售费用	11		
其中：商品维修费	12		
广告费和业务宣传费	13		
管理费用	14		
其中：开办费	15		
业务招待费	16		
研究费用	17		

续表

项目	行次	本年累计金额	本月金额
财务费用	18		
其中：利息费用（收入以"−"号填列）	19		
加：投资收益（损失以"−"号填列）	20		
二、营业利润（亏损以"−"号填列）	21		
加：营业外收入	22		
其中：政府补助	23		
减：营业外支出	24		
其中：坏账损失	25		
无法收回的长期股权投资损失	27		
三、利润总额（亏损总额以"−"号填列）	30		
减：所得税费用	31		
四、净利润（亏损以"−"号填列）	32		

在表 2-1 中，我们并未看到"毛利润"，这种说法其实是俗称。毛利润通常是指产品的营业收入减掉营业成本的余额。如果花了 300 元买了个手办，卖了它获得 400 元，那么这个手办的毛利润就是 400-300=100（元）。

对于奶茶，我们能看到的营业成本可以估算出来，而对于为使奶茶到达我们手中，商家所花费的期间费用，一般是看不到的。比如，开店的租金、服务人员的工资及奖金、门店的电费。对于看不到的费用，没有办法估量，所以我们口中的"利润"，其实并不包括这些看不到的费用。如果不包括这些费用，那么"利润"其实也就是俗称的"毛利润"。

当然，我们在利润表中，找不到"毛利润"，也找不到单独的"利润"。在利润表中与毛利润最接近的利润项目是"营业利润"。营业利润不仅仅是营业收入加上投资收益，再扣除营业成本，还要扣除税金及附加、期间费用等。用营业利润除以营业收入，得到的就是营业利润率。营业利润率代表了企业通过生产经营获得利润的能力，营业利润率越高，说明企业的盈利能力越强。

利润总额在利润表中，是通过营业利润加营业外收入和减营业外支出计算得到的，我们又称其为会计利润。

净利润也叫纯利润，是利润总额减掉所得税费用后的余额。同样通过净利润可以算出净利润率。净利润率能综合反映企业或行业的经营效率。

2.3 利润并不决定企业价值

既然企业的一切经营活动都是围绕着如何实现更高利润展开的，那么利润高就一定代表这个企业的价值高吗？企业的利润代表了其在某一时期的盈利能力，但未必代表企业一直具备这种能力。

2.3.1 利润高代表企业有竞争力

很多经营者认为，企业的经营就是为了实现盈利，那么利润越高说明企业越有竞争力。但事实真的如此吗？一味追求短期内的高利润，有时候正是企业走向破产的第一步。

某日本汽车品牌 A 公司曾是全球最赚钱的车企之一，在 A 公司号称"成本杀手"的领导者领导时期，A 公司成为当时全球最大的汽车制造商。为了追求利润，该领导者以尽可能低的代价占领最大份额的市场，于是 A 公司大量使用低层次供货商，由此产生的后果是对产品质量的控制减弱。

2009 年 8 月底，美国发生 A 公司生产的汽车突然加速，导致 4 人死亡的事故。随后 A 公司在全球 9 次召回有质量问题的汽车，仅仅从 2009 年 10 月至 2010 年 2 月 1 日短短几个月时间里，A 公司就召回了近 1 000 万辆汽车。

从 2004 年 7 月至 2009 年 8 月，仅仅在中国 A 公司就有 24 次召回行动，涉及车辆近 120 万辆。同期 A 公司在中国市场售出的汽车也不过 130 多万辆。

据调查，A 公司"脚踏门"的元凶部件，正是当年那位"成本杀手"领导者按照压缩成本模式在美国寻找的廉价供货商所制造的。产品成本被压缩，一味地追求高利润，那产品质量自然也难以得到保障。

显然，仅仅用利润来衡量企业的竞争力的方式是不妥的，当期的利润只能代表这一段时期企业的盈利能力，这种对短期高利润的关注也代表了一种短视行为。一味地追求某一阶段的利润，很可能导致经营者采取极端的做法，让企业失去竞争力乃至使企业面临倒闭的风险。

利润最大化曾是企业经营亘古不变的真理，但在现在似乎越来越不适用了，相反越来越多企业更注重长期利益，做好战略规划，做久、做大和做强，才会让企业真正具备持久的竞争力。

2.3.2 京东物流长期亏损为何还有人投资

2007 年，京东创始人决定要自建物流体系，被很多人质疑，大家认为这是"烧钱"的行为，因为物流体系建设投资金额大、回报周期长，而且当时有顺丰、中通等快递公司，无论从服务还是从速度来看，它们都已经成为行业中发展较好的公司。

很多同行跨领域发展是在自寻死路，但京东创始人希望京东物流要建立起包括仓储网络、综合运输网络、配送网络、大件网络、冷链网络及跨境网络在内的高度协同的六大网络，服务范围要覆盖我国几乎所有地区。京东创始人认为建立自有的物流中心和信息系统，是在为公司未来打造核心竞争力。

不到一年的时间，投入京东物流建设的 1 000 万美元都花完了，公司处于严重亏损状态。距京东创始人所期望的物流水平还有很大的差距。在 2008 年底召开的有限合伙人大会上，京东创始人认识了梁伯韬先生，之后雄牛资本等纷纷抛出橄榄枝，京东第二轮的股权融资额高达 2 100 万美元。如今京东物流已成为京东的核心竞争力。

京东物流于 2021 年 5 月在香港上市，市值高达 2 800 亿港元。京东创始人抗住了长期巨额亏损的压力，顶住股东对短期利益的诉求压力，顶住了各种质疑的压力，最终给股东带来了较丰厚的收益。

京东物流长期亏损，然而投资人仍然愿意投资，正是因为他们并没有把短期获利看得太重，而是看到了京东创始人的战略布局，看到京东创始人团队的执行力和能力，这是基于长远利益考虑的。

短期利益和长远利益，有时候就像鱼与熊掌，该怎样做取舍？现实总会让我们做出一个选择。公司同样也面临短期获利和长期获利的抉择，但短期获利不能持续为公司创造价值，所以管理者需要眼光长远。

2.3.3　亏损企业为何还要交企业所得税

维庆公司是一家生产中药的公司，去年营业收入金额为 8 600 万元，税金、成本和费用合计 7 600 万元，因为产品过期被消费者投诉赔偿 500 万元，同时被相关部门罚款 1 300 万元，期末公司上缴了 125 万元的企业所得税。

维庆公司的利润 =8 600-7 600-500-1 300=-800（万元），显然当年是亏损的。既然亏损，为何还要缴纳企业所得税？企业所得税不应该是有利润的企业才缴纳吗？对此存疑的人并非少数。

这里就要解释一下，会计利润与税务利润其实并非一回事。会计利润反映我们通常所理解的企业真实的利润情况。而计算企业所得税并非根据会计利润计算，而是根据税务利润计算得出。这两种利润究竟有何差异？

会计利润是企业的总收益，减去获得生产所需要的各种生产要素而发生的实际费用和成本后的余额，是企业在一定会计期间的经营成果，会计利润也就是账面利润。从上述材料中，我们不难发现维庆公司亏损了 800 万元。

税务利润是按照企业所得税法及相关规定计算出来的。计算时以会计利润为基础，按照税法规定经过某些调整得来。比如，税法上行政罚款是不允许扣除的。虽然行政罚款由企业承担，但其违法行为的处罚不能由国家税务来承担。所以维庆公司的税务利润应该如下。

会计利润（-800 万元）+ 不得税前列支的 1 300 万元的罚款 =500（万元）

这时想必大家应该对会计利润和税务利润有所了解了，两者并非一回事。因此即使企业亏损了，但仍存在缴纳企业所得税的情况。

当然也有人会问，那企业实现盈利，有没有可能不缴纳企业所得税？当然也是有可能的，企业所得税法有很多优惠政策，比如购买国库券的利息就不用缴纳企业所得税，诸如此类的优惠政策还有很多。

2.3.4　价值 10 万元的吊灯影响了谁的利益

菜刀公司的赵末经理决定在某旅游胜地附近租用一间展厅，用于接待旅游客户，并推销公司的创意厨具。好不容易谈下了租赁合同，租赁期为 2 年。为了配合销售，展厅的装修经过精心设计，装修费一共花费 30 万元，仅仅是展厅中心的吊灯就花费 10 万元。

装修费和购买吊灯所花费用属于资产还是费用，会计和赵末经理展开了以下讨论。

赵末经理：今年装修的费用和买吊灯花的钱都不少，你可别全都计入费用。

会计：怎么会呀，赵总，展厅的租赁期是 2 年，2 年摊销完可以吗？

赵末经理：2 年摊销完？不行，装修费 30 万元，每年影响利润 15 万元，我得多卖几百套刀具才能赚 15 万元，多摊销几年，我压力才能小点，如果展厅带来的收益较大，我肯定会要求延长租赁期的。

会计：那今年公司的效益不错，一次性摊销了，可以少缴纳企业所得税，2 年摊销完也可以，延长摊销时间，得多交税。

赵末经理：你就想着交税，利润低了，怎么向股东交代？还以为我干得不好，你看看怎么能把时间延长，你想办法！

会计：展厅是租的，装修属于租入固定资产的改良支出，最多也就按2年摊销，除非把租赁期延长。

赵末经理：还有什么办法？

会计：装修里有个吊灯的价值挺大，拆下来倒是还能用，可以按固定资产中的工具器具来登记，那就可以延长折旧到5年，每年才摊销2万元。比起按2年摊，一年能影响3万元的利润。

赵末经理：好吧，吊灯按5年摊销，其他装修费先按2年摊销。我先看看展厅收益，如果做得不错，我就马上和房东谈判延长合同期限。

从上面的对话不难看出，会计选择的年限都能在法律框架下讲出道理。装修费可以选择当年计入费用，也可以按租赁期摊销。而吊灯可以当年计入费用，可以按租赁期摊销，也可以按5年分期计入费用。那么选择按多少年摊销（专业术语：会计估计）、以什么样的方法摊销（专业术语：会计政策）到底应该由谁说了算呢？是会计、总经理还是股东？

会计政策和会计估计的选择绝不是一个单纯的会计问题，其影响到企业中各利益集团如何处理相互之间的关系、利益和矛盾。恰当选择会计政策和会计估计，对于保证财务信息质量，促进企业健康发展，意义非凡。

按照公司法的规定，股东会是最高权力机构，如果股东会决定公司的会计政策和会计估计，将会最大限度地有利于公司健康发展，不给利益相关者随意调整利润的机会。

案例

菜刀公司利润表解析

菜刀公司利润表解析如表 2-2 所示。

表 2-2 菜刀公司利润表解析

项目	本年金额 /万元	注释
一、营业收入	3 716	本数据表明菜刀公司全年销售菜刀等产品取得了 3 716 万元的营业收入；如果菜刀公司在当年有销售原材料形成的营业收入，出租房产、设备、车辆等租金收入，提供菜刀的翻新服务等的收入，也都会统计在这个项目中
减：营业成本	3 068	本项目是指销售菜刀等产品，在生产时所花费的成本，包括原材料铁、木头及人工费用、生产中耗费的水电费、生产车间的房产设备折旧等。若菜刀公司当年有销售原材料，出租房产、设备、车辆等其他业务收入，那相关的购进原材料的费用，房产、设备、车辆等的折旧费用也是该项目的组成部分
税金及附加	38	本数据是以销售菜刀等产品缴纳的增值税为基数，计算的城市维护建设税、教育费附加的金额
销售费用	180	本数据表明整个年度，销售产品过程中共发生了 180 万元的保险费、包装费、广告费、装卸费以及所需支付给销售部门的工资、奖金及日常的差旅费用等
管理费用	130	本数据是公司本年度支付给管理部门的工资、福利费、奖金及日常的办公费用、业务招待费、差旅费等合计，共计 130 万元
财务费用	7	本年度为满足公司的生产经营，筹集资金共发生 7 万元的费用，其中包含菜刀公司的利息净支出（银行的存款利息收入减去利息支出后的差额）。如果菜刀公司存在为尽快回款，给予的买家现金折扣、发生的汇兑损益等数据，也在本项目中核算

项目	本年金额 / 万元	注释
加：投资收益（损失以"–"号填列）	0	公司对外进行投资获得的投资收入，例如股利收入、债券利息等，菜刀公司本年未对外进行投资，因此也没有投资收益
二、营业利润（亏损以"–"号填列）	293	营业收入减去营业成本、各种费用和税金后的余额为293万元，即营业利润，是直接与经营相关的利润
加：营业外收入	3	3万元的营业外收入中有1万元是当年菜刀公司因发明创新获得的政府奖励。营业外收入是与公司日常经营活动无关的收入，例如获得的捐赠、罚款收入、政府补助等
减：营业外支出	1	这1万元是对儿童福利院的捐赠款。营业外支出是指与公司日常经营活动无关的支出，如罚款支出、捐赠、损失等
三、利润总额（亏损总额以"–"号填列）	295	营业利润加营业外收入和减营业外支出后的余额即为利润总额
减：所得税费用	40	本年度所要缴纳的企业所得税共计40万元
四、净利润（亏损以"–"号填列）	255	净利润是指利润总额减去所得税费用后的余额

第 3 章 资产与权益——企业价值的展示舞台

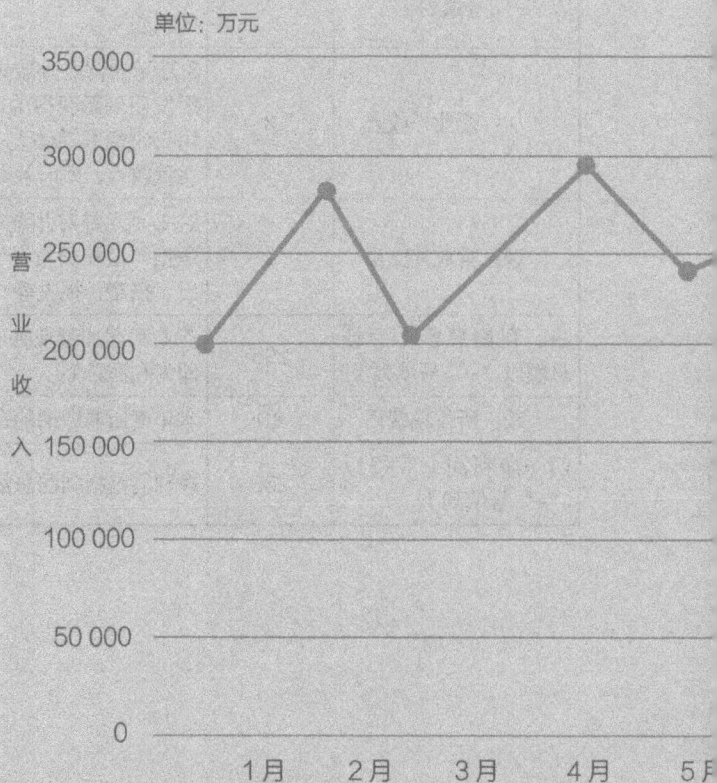

单位：万元

营业收入

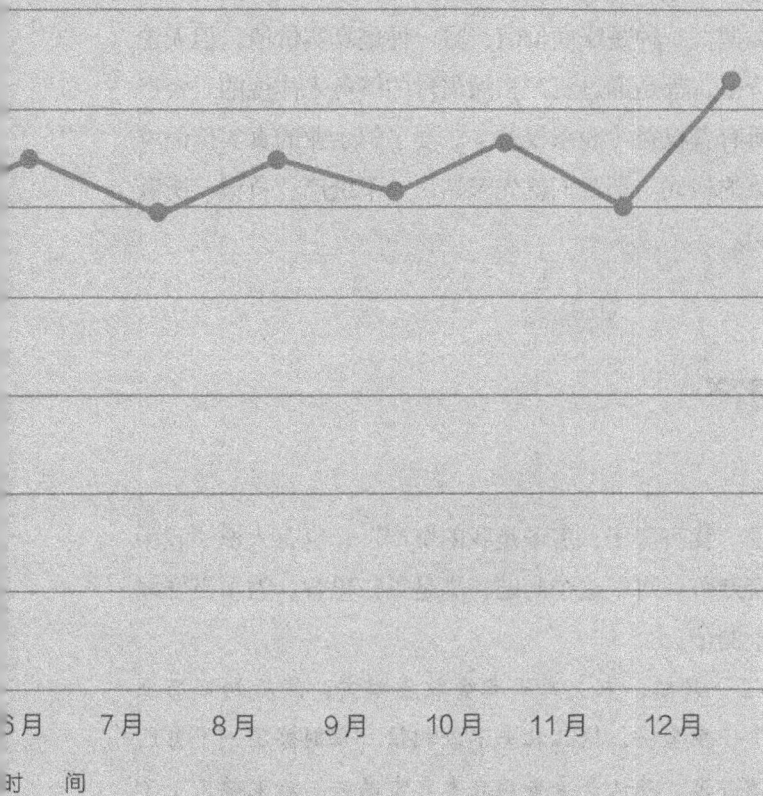

6月	7月	8月	9月	10月	11月	12月	

时　间

　　企业价值有两种类型，一种是账面价值，另一种是真实价值。但无论是账面价值还是真实价值，都是通过资产扣除欠付的债务来体现的。资产减去负债，得到的是所有者权益（股东权益）。要了解企业的真实价值就要先了解企业账面价值的构成。那我们就先来认识一下资产、负债、所有者权益都是如何构成的。

3.1　什么是资产

　　何为资产？有人说"我有房子，房子是我的资产"；也有人说"我手巧，我画的画是我的资产"。对于这个问题，真是见仁见智。为了更好地解释资产，我们先举个例子。

　　从前有位农夫养了一只鹅，农夫每天都会收集鹅蛋，然后到市场上卖。有一天鹅突然下了一颗金蛋，这让农夫不敢相信，立刻擦了一下自己的眼睛，赶紧拿到商铺去卖，确认是金蛋后农夫非常高兴。后来鹅又下了金蛋，农夫开始大量置办家产、购买土地等，靠着鹅下的金蛋，农夫也越来越富有，最终富甲一方。

　　这只鹅就是农夫的资产，而鹅下的蛋在出售之前也是农夫的资产。说通俗点，人们利用资产能在未来赚取更多钱。

　　那么，在未来可以赚取更多钱的就一定是资产吗？

　　如果农夫养的这只鹅是从邻居家借的，或者是租来的，在租借期间鹅下的蛋也属于农夫，农夫也可以赚取很多钱，但显然这只鹅并不是农夫的资产。所以，资源的所有权和收益权一致时才是资产。

再比如，空气中的氧气是有使用价值的，但是氧气不会归属具体的人或者企业，所以它不是资产。但是如果企业通过制造，把氧气装入氧气罐，那么这个制造者拥有罐中氧气的所有权，并且这瓶氧气能够换取利益，这瓶氧气就是资产。

<u>所以资产有三个特征：一是资产必须是过去的交易形成的；二是资产必须为企业拥有或者控制；三是资产会在未来给企业带来利益。</u>

接下来我们就来具体分析一些人、事、物到底算不算资产。

3.1.1　人才和成熟的管理团队算不算资产

张恺与李翔两个人投资成立一家餐饮公司。张恺对餐饮感兴趣，但以前并未涉足餐饮行业。李翔带领团队经营多家餐饮公司，经验丰富，所经营的公司效益好。张恺看中李翔的经营能力、开拓市场的能力，认为李翔是个人才，其团队就是生产力，能够创造价值，所以同意李翔以其本人和团队入驻为代价占股 40%。而张恺则投入 60 万元，占股 60%。

按此比例，在张恺心中，李翔及其团队的入驻价值是值 40 万元的，那么人才和成熟的管理团队算不算李翔对餐饮公司投入的资产呢？

在上文中我们已经介绍，资源的所有权和收益权一致时，才能称之为资产。本例中，人的所有权是不可以买卖的，李翔和团队的所有权并不能转移至餐饮公司。<u>所以，人才和成熟的管理团队不算资产。</u>

3.1.2　忠实的客户群体和订单算不算资产

在上一小节的案例中，李翔个人以及团队都不能作为资产投入餐饮公司，那如何占有这 40% 的股权呢？李翔又提出，他有一批忠实的客户，无论他在哪里开店，客户都会来消费。

忠实的客户群体对新开业的餐饮公司来讲，是非常有价值的，但是其仍然不符合资产的特性，因为忠实客户群体的所有权是不可以转移的。虽然客户群体不属于公司的资产，却能为公司带来巨大的收益，那么忠实的客户群体对公司就是有价值的。

再来看看下面这个案例中，李翔如何利用客户群体来提升公司价值。

餐饮公司收到李翔和张恺100万元投资款，运作了三年，每天客人爆满，急需扩大店面。经过李翔和张恺的沟通，同意新股东王伟拿出1 000万元资金增资入股，占比49%。而此时，王伟也提出要求，餐饮公司需要提供财务报表，以证明现有的公司价值不低于1 000万元。

餐饮公司资产负债表如表3-1所示。

表3-1 餐饮公司资产负债表

编制单位：餐饮公司　　　　　　2020年3月31日　　　　　　单位：万元

资产	期末余额	年初余额	负债和所有者权益（或股东权益）	期末余额	年初余额
货币资金	50	30	预收账款	100	30
应收账款	10	5	应付职工薪酬	20	37
存货	400	420	其他应付款	110	160
流动资产合计	460	455	负债合计	230	227
固定资产	200	180	实收资本（或股本）	100	100
无形资产	10	12	未分配利润	340	320
非流动资产合计	210	192	所有者权益（或股东权益）合计	440	420
资产总计	670	647	负债和所有者权益（或股东权益）总计	670	647

从餐饮公司提供的这张资产负债表中，我们可以得出什么结论？资产负债表中反映餐饮公司的账面价值还不到700万元。

王伟因此提出异议。李翔解释，资产负债表中预收账款的100万元，就是提前向大客户收取的定金，锁定了未来两年左右的订单。而这两年的订单，未来可以给公司创造两千万元的营业收入。公司还拥有一批忠实的客户群体，每年其也都会带来大量且稳定的收益。王伟经过权衡，认为未来公司的投资回报较其他投资更高，于是同意出资 1 000 万元，占比 49%。

显然在这次谈判中，李翔利用了忠实客户群体的价值来吸引投资者王伟的信任。同时，又有订单预收款的证明，说明公司在未来两年内的创利能力。最终李翔成功收获王伟的投资。

那么此时的订单是不是公司的资产呢？判断订单是不是资产，还要看资产的另外一个特点，资产是企业过去的交易或者事项形成的。订单虽然已经签订，但其价值的实现要依靠客户在未来的消费。所以订单虽然可以在未来产生价值，其所有权也是餐饮公司的，但其尚未实现。因此，订单和忠实的客户群体都不是公司现在的资产。

3.1.3 特许经营权、商标、产品配方算不算资产

王传利经营一家"好运来"卤肉公司，因为自己有祖传秘方（产品配方），产品很受消费者喜爱，王传利花了 3 000 元，给自己的卤肉申请了商标，有了自己的品牌。之后王传利以 40 万元的价格授权李子家按照统一的经营模式在异地开起了卤肉馆，并将祖传秘方的一部分复制了一份给李子家，另外部分调料是统一配好了，再给李子家卤肉馆配货。

在这个案例中，"好运来"卤肉公司的商标是资产吗？是谁的资产？资产的报表价值是多少？李子家卤肉馆以 40 万元买到的是商标、特许经营权，还是祖传秘方？特许经营权和祖传秘方是不是资产呢？"好运来"卤肉公司的发展模式如图 3-1 所示。

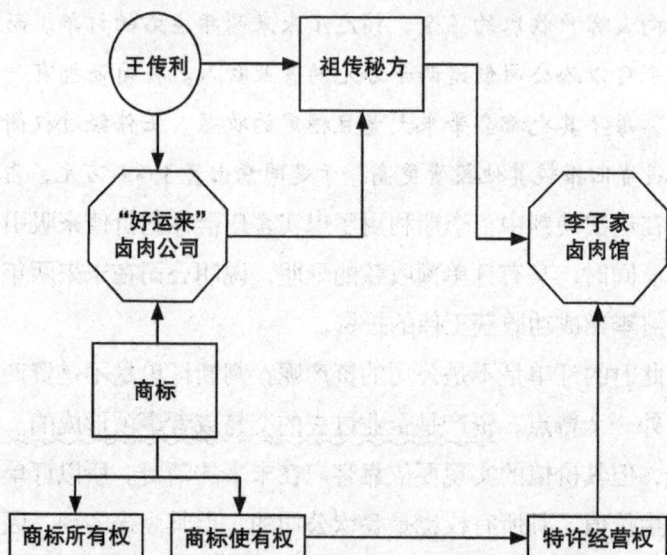

图3-1 "好运来"卤肉公司的发展模式

1. 商标是不是资产

商标是不是资产要看商标是否符合资产的三个重要特征：一是商标能够给公司带来收益，40万元就是商标为"好运来"卤肉公司带来的收益；二是商标的所有权经过国家商标局注册登记，案例中商标为"好运来"卤肉公司所有；三是商标是通过在过去支付了3 000元实现的。

商标这种资产不同于其他可以看得到、摸得着的资产，其是无形的，因此商标属于无形资产。

无形资产，除了具备资产的三个基本特征外，还有可辨识且没有实物形态的特点。

那什么叫作可辨识呢？首先，无形资产应与其他资产能够严格分离，且可以独立存在，并可以独立用于出售、授予许可、租赁等交易行为。其次，无形资产的成本可以准确地计量。

所以商标是"好运来"卤肉公司的资产，其在资产负债表中的价值为3 000元。

2. 李子家卤肉馆 40 万元买到的是商标，是特许经营权，还是祖传秘方

王传利以 40 万元的价格授权李子家开卤肉馆。而这 40 万元是由"好运来"卤肉公司获得的。因为商标的所有权仍然归属"好运来"卤肉公司，所以"好运来"卤肉公司获得的并非商标所有权转让收益，而是商标使用权转让收益。

李子家卤肉馆以 40 万元的代价获得了商标的使用权和部分祖传秘方，但是不完整的祖传秘方其实没有独立的价值。所以李子家卤肉馆获得的是特许经营权。

3. 李子家卤肉馆买到的特许经营权是资产吗

特许经营权是指特殊权利所有人或者特殊权利的使用权人，有权授予其他人使用注册商标、企业标志、专利、专有技术等经营的权利。

那么李子家卤肉馆获得的特许经营权是不是资产呢？还要看这个特许经营权是否符合无形资产条件：一是这个特许经营权确实能够给公司带来收益；二是特许经营权的所有权，是通过李子家卤肉馆与"好运来"卤肉公司的商标使用权合同确认的；三是特许经营权在过去通过合同交易实现；四是特许经营权是支付了 40 万元获得的。

所以特许经营权是李子家卤肉馆的资产，其在李子家卤肉馆资产负债表中的价值为 40 万元。

4. 李子家卤肉馆如果同时获得了祖传秘方的全部资料，那么祖传秘方是不是资产

判断的方法也还是要确定这个祖传秘方是不是具备无形资产的全部特征。在这项业务中，祖传秘方的真正所有人应该是王传利，而并非"好运来"卤肉公司。在原来的交易中，李子家卤肉馆只获得了部分祖传秘方，原因就是祖传秘方与专有技术有着相同的特征，没有机构会为其注册。

祖传秘方与专有技术的价值在于其隐秘性、不可公开性。一旦其不再具备这些特点，也就失去了价值。那么如果祖传秘方与专有技术在相应机构进行注册，其信息势必公开，所以是不可能注册祖传秘方与专有技术的。那么其所有权也就很难界定。

既然是祖传秘方，显然是王传利家族历代传承的，并非"好运来"卤肉公司自行研制开发的。那么祖传秘方对"好运来"卤肉公司来讲，其成本价值无法衡量。所以"好运来"卤肉公司也仅仅是对祖传秘方有使用的权利。为确保祖传秘方的神秘性，保持其价值，全盘交给他人的可能性就不大。

如果王传利将全部祖传秘方交由李子家卤肉馆，我们也需要根据合同确定双方是如何约定的，祖传秘方与商标特许经营权分别在总交易价 40 万元中各占多少比例。祖传秘方与商标特许经营权是两种不同的权利，其权利与义务、违约责任都各不相同。当祖传秘方与商标特许经营权各自独立约定时，祖传秘方作为独立资产，并在李子家卤肉馆财务报表中核算，其价值才有被衡量的可能性。

3.1.4 房产增值后公司账面价值会增加吗

在一些地区，房产近十几年来持续增值，公司花费 1 000 万元购买的房产，五年后的市场价格已高达 5 000 万元。这代表公司的总资产更值钱。如果公司有贷款，意味着用房产抵押可以换取更高的贷款额度。那么提供给银行的财务报表中，与房产有关的数据是否也可以相应调整至 5 000 万元呢？

有人会这样考虑：房产增值那么多，当然要调到 5 000 万元，否则财务报表就不能反映企业的真实价值了。

也有人会这样考虑：看起来房产增值了，但是谁来判断 5 000 万元是否准确合理呢？何况资产的市场价格也在波动，时而增上去，时而减下来。如果财务报表也随之改来改去，那企业价值是企业干出来的，还是价格涨出来的？

企业的会计面对这个问题时，也许更希望当初花了多少钱就按多少钱入账。毕竟会计做账是需要单据的。如果遇到投资人来投资，老板要求把房产的价值调到 5 000 万元，这不就是粉饰财务报表，骗取投资人的资金吗？

涨价了，财务报表调不调？既要保证财务报表尽量符合真实情况，又要防止随意粉饰财务报表内容。这就不得不提到会计计量的两种方法：历史成本法和公允价值法。

在历史成本法的规则下，资产根据交易当时的金额来计量，负债根据欠付的金额来计量。也就是说，当年 1 000 万元购买的房产，无论其是否涨价，财务报表中记录的原始价值依然是 1 000 万元。这种计量方法是最简单的，也容易被大众理解，是应用最为广泛的方法之一。

公允价值法则是资产按照当前活跃市场的正常交易价格计量的方法。如果在二手房交易市场可以轻松查到同地段的类似房产，那么这个房产就有活跃市场。如果是靠近村落的仓库，基本找不到同地段的类似房产的成交价格，那么这个仓库的公允价格就未必能够取得。

但是对公允价值法的使用有严格的限定，比如在确定金融资产价格时才会使用。在日常核算中，是不能使用公允价值法的。

所以答案显然是：当年 1 000 万元购买的房产，无论其是否涨价，财务报表中记录的原始价值依然是 1 000 万元。

3.1.5　车辆贬值了，公司账面价值会减少吗

与一直处于增值状态的某地房产不同，车辆在购买之日起，就处于使用磨损和贬值的状态。老王在一年前买了一台车，花了 50 万元。一年以后，型号相同的该品牌车只需要花 45 万元就可以买到，但是却比一年前同型号的车增加了不少配置，这就是我们常说的功能性贬值。如果考虑一年的磨损，这台车在一年以后，出售的价格可能只有 40 万元。

那么资产负债表上的车辆是不是要采用历史成本计量，仍旧体现当初的购买价格 50 万元呢？

上一小节中讲到，不能因为房产涨价就根据市场价格调整账面金额。

贬值和增值不是一回事。车辆、设备以及价格变化较大的基础原材料发生贬值，如果不调整财务报表，反而会误导投资人，让投资人误以为公司还是很赚钱的，这也是通过不作为来粉饰财务报表的一种行为。

那么，资产贬值时，该不该调整资产负债表呢？这就要提到会计计量的第三种方法，可变现净值法。

以可变现净值计量时，资产的计量是在可变现净值下，资产按照正常

对外销售的价格，扣减资产预计的销售费用以及相关税费后的金额。与公允价值法不同，可变现净值法要扣掉销售过程中产生的税费。

当年 1 000 万元购买的油画，现在可以卖 5 000 万元。销售油画时需要给中介机构 50 万元的中介费用，假设支付约 600 万元的税金，那么这幅油画的可变现净值为 4 350（5 000-50-600）万元。

其实，可变现净值法的使用与公允价值法一样，在实际业务中也是有严格规定的。需要使用可变现净值法时，就必须使用。那么在什么时候应当使用可变现净值法呢？主要是在编制资产负债表日时，存货、固定资产、无形资产等的历史成本与可变现净值比较，如果历史成本低，财务报表不用调整；如果可变现净值低，财务报表就需要按可变现净值调整。

房产的历史成本为 1 000 万元，而可变现净值为 4 350 万元时，资产负债表中房产的价值只能体现为 1 000 万元。

再比如，钢材作为公司的原材料，初始购买价格为 1 000 万元，但是到年底编制财务报表时，价格已经降为 800 万元，资产负债表中就应该以 800 万元来计量。

换种说法，哪个价值低就以哪个价格为准列示在资产负债表中。这种谨慎性的设计，既防止企业为获得投资机会而粉饰财务报表的行为，也防止企业虚估资产做出错误的决策。

所以会计都形成了严谨细致的工作态度。

从这个规定可以看出来，财务报表中反映的企业价值数据，比真实企业价值偏低，是正常的。

3.2　流动资产就是可以流动的吗

财务报表中，资产是按照流动性来列示的，分为流动资产和非流动资产。

流动资产就是可以流动的吗？

流动资产中的"流动"是指资产的周转速度快、变现能力强。"快"和"强"是以一年为标准来衡量的。

很多报表的项目从字面意思上，我们也可以猜出其具体的内容，所以会计知识也并不难懂。资产负债表中的部分流动资产项目如表3-2所示。

表3-2　资产负债表中的部分流动资产项目

资产	行次	期末余额	年初余额
流动资产：			
货币资金	1		
应收票据	3		
应收账款	4		
预付款项	5		
应收股利	6		
应收利息	7		
其他应收款	8		
存货	9		
其中：原材料	10		
在产品	11		
库存商品	12		
流动资产合计	15		

3.2.1　货币资金未必就是现金

赵末经理投资成立了一家生产菜刀的公司，用1万元买了做菜刀把手的木头，因为手中资金周转不开，买了价值9万元的铁，但是只支付了8万元，承诺1个月后支付1万元尾款。在支付了1万元的工人工资后，菜刀公司加工制造出一批成品菜刀。

销售人员小张负责售卖这批菜刀，向公司借了2 000元差旅费。小张按赵末经理的指示找到了商家，经过软磨硬泡的谈判后，商家最终确定了以 13 万元的价格收购这批菜刀。但是商家开出的条件是，先支付 8 万元的货款，其余 5 万元在 3 个月后支付。

次月，菜刀公司购买了 10 万元的铁，但铁的价格下跌脱销，商家要求菜刀公司提前支付 6 万元的货款，1 个月后铁才能到货。

案例中，赵末经理花了 9 万元买铁。那么在买铁之前，这 9 万元如果放在保险柜里，那就是现金；如果存在银行里，就是银行存款。但无论是现金，还是银行存款，都统称为货币资金。

货币资金是企业生产经营活动的起点，亦是终点。货币资金还包括银行汇票存款、银行本票存款、在途货币资金、信用证存款和信用卡存款等其他货币资金。

3.2.2 应收账款收不回是公司的损失

在上一小节的案例中，菜刀公司的销售收入中有 5 万元没有收到；预先支付了 6 万元，订购了 10 万元的铁；销售人员小张售卖菜刀出差时，向公司借取了 2 000 元的差旅费。

这三种情况，分别是因购货产生的对方欠钱、欠货，因非业务活动产生的欠钱，我们把这种对方欠付的钱称为应收款项，在资产负债表中会分别列示在应收账款、预付款项和其他应收款。

应收账款就是指企业在开展销售商品、提供劳务等正常经营活动时，应向购买方收取的货款。预付款项就是按照交易各方的约定，提前支付的钱款。其他应收款则包含较多内容，只要没有单独要求列示的业务产生的欠款，都可以计入其他应收款。比如，企业替员工垫付的医药费等。

在资产负债表中，还有应收票据等报表项目，这些项目用于单独列示某种特殊业务产生的应收款项。

应收款项一旦收不回，就是产生了"坏账"。这时的流动资产就变成了无效资产。资产负债表中资产的顺序是根据流动性的强弱排列的，无效资产如果不能被及时准确记录，报表使用人很可能做出错误的决策，给企业或投资者造成重大损失。

3.2.3　存货是企业经营核心资产

菜刀的生产需要经过多道工序。首先将铁块经高温熔化成铁水，将铁水倒入刀形模具，冷却后再在打磨车间打磨。木料车间则把木头加工成小木方，通过设备加工成把手。安装车间将把手和刀安装在一起组成菜刀，菜刀经过上油、检验、包装进入产成品库。那么进入产成品库时，这批菜刀的营业成本是多少呢？这批菜刀的成本计算如图 3-2 所示。

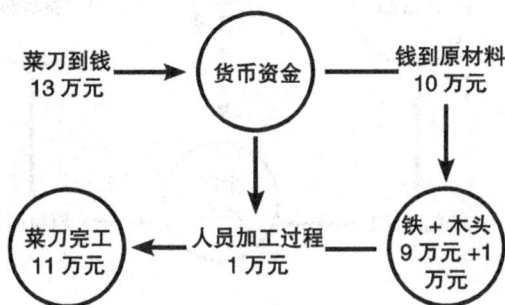

图 3-2　菜刀的成本计算

通过图 3-2 可知，生产菜刀耗费 9 万元的铁、1 万元的木头、1 万元的人工费，那么这批菜刀的营业成本一共是 11 万元。

无论是菜刀，还是熔化的铁水，打磨中的、还处在安装状态的手把的半成品，这些与产品相关的原材料、半成品、库存商品等都属于存货。对于不同类型的企业，存货所包含的内容也是不相同的。从上述例子我们可以看出，赵末经理用钱买材料，材料经过生产制成产成品，通过销售最终收回钱。赵末经理完成了一遍从钱到物，又从物回到钱的循环，并从中获得收益。企业经营的核心就是通过生产、销售产品产生价值，这些物在资产负债表中都列在"存货项目"。存货是企业产生经营收益的重要资产。

很多企业主认为，存货内部的管理和流转虽然复杂，但好与坏都在企业内部，由此忽视了存货。但是存货的重要性不言而喻，有些企业的利润主要靠存货的生产销售形成，企业有一大半的人都是围绕着生产管理而开展工作的，管理的精细化程度也决定了企业的营运能力。

企业生产经营运行模式如图 3-3 所示。

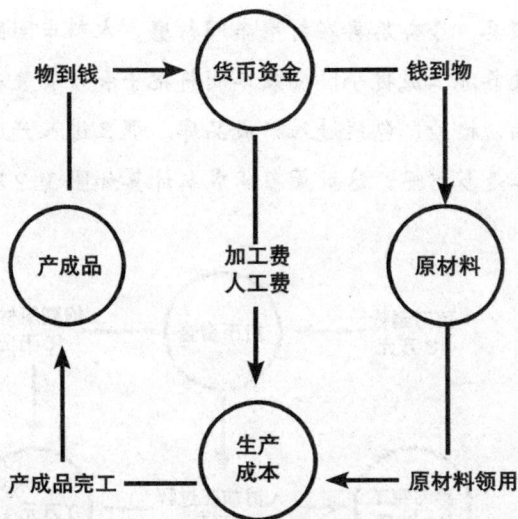

图 3-3　企业生产经营运行模式

企业在生产经营中，从用于生产产品的原材料到领用至生产车间处于生产过程中的半成品、包装物、低值易耗品、委托加工物资，再到尚未出售的产成品、商品等共同构成了存货。

1. 原材料

菜刀公司购买的价值 9 万元的铁、1 万元的木头就是原材料。原材料就是企业生产所需要的原料、主要材料、辅助材料、外购半成品、生产备件、包装材料、燃料等物料。

2. 半成品

原材料铁、木头等被领用至生产车间加工后，形成的铁水、打磨中的刀、把手等都属于半成品。也有的企业会将半成品送入半成品库，留到下一个生产车间进行加工，那么还会增加"在产品"的核算。也有的企业会直接外购在产品，或者委托其他公司加工半成品。

3. 产成品

对于菜刀公司来讲，菜刀就是产成品。产成品是指在企业内已完成全部生产过程、按规定标准检验合格、可供销售的产品。在贸易类公司中，由于产品不需要再加工，也会直接称之为库存商品。

4. 包装物

菜刀公司为了便于菜刀运输、销售和保管，将菜刀装入纸箱里，纸箱就属于包装物。包装物是指为包装产品而储备的各种包装容器，如桶、箱、瓶、坛、袋等用于储存和保管产品的材料。

5. 低值易耗品

菜刀公司将熔化好的铁水倒入刀形模具，模具就是低值易耗品。低值易耗品是指不能作为固定资产核算的各种用具物品，如工具、管理用具、劳动保护用品以及在经营过程中周转使用的容器等。其特点是单位价值低、使用期限相对于固定资产较短、在使用过程中能保持其原有实物形态基本不变。

6. 委托加工物资

如果菜刀公司购买铁块，委托其他公司将其熔化成铁水加工制成菜刀的形状，再由自己的车间进行打磨处理，那么铁块在领用至其他公司时，铁块就属于委托加工物资。

3.2.4 存货是调节利润的重要项目

在"利润是算出来的，不是干出来的"小节的案例中，王总表弟管理的造船公司净利润持续增长，是王总表弟通过授意会计修改了几项关键成本费用的结转政策造成的虚假现象。那么，会计是如何通过成本费用结转政策来调整利润的呢？

在图 3-3 所示的企业生产经营运行模式中，生产销售的第一道环节是原材料被领用至车间。原材料的价格随着市场的变动而变动。原材料——生铁出入库表如表 3-3 所示。

表 3-3　原材料——生铁出入库表

日期	采购入库			生产领用		
	数量（t）	单价（元）	金额（元）	数量（t）	单价（元）	金额（元）
1月1日	2	4 300	8 600			
1月5日	4	4 350	17 400			
1月20日	6	4 550	27 300			
1月30日				3	？	？

现在会计面临的问题就是领用的 3t 生铁的单价应该是多少？单价的计算方法不同，生产成本就不同。同样的道理，生产销售的最后一道环节是产成品出库，如果出库的单位成本计算方法不同，同样的产成品，也会得出不同的成本。

那么选择不同的出库计算方法就可以调节利润。出库成本的计算方法被称为存货的计价方法，主要包括先进先出法、加权平均法、个别计价法等。此处只介绍前两种方法。

先进先出法，是指以先购入的材料先消耗的存货实物流动假设为前提，只有将先购进的材料耗用完毕后才会使用后购进的材料。在此种方法下，1月30日领用的 3t 生铁，有 2t 的单价是 4 300 元，有 1t 的单价是 4 350元，生铁的价值为 4 300×2+4 350=12 950 元，平均单价约为 4 317 元。

加权平均法，也称为月末一次加权平均法，就是只在月末的时候，计算一次加权平均单价，以此为基础，计算发出以及结存存货的成本。在此种方法下，1月30日领用的 3t 生铁的单价应为（8 600+17 400+27 300）÷（2+4+6）=4 442（元），总金额约为 13 326 元。

两种方法计算出来的存货成本相差 376 元。当存货数量巨大，原材料价格变动较大时，任意调整存货的计价方法对利润的影响也就不言而喻了。

3.3 非流动资产都有哪些

相对于流动资产，非流动资产就是周转速度慢、变现能力弱的资产。那么快慢、强弱是如何衡量的呢？以1年为标准，预计1年内就会周转出去，或者可以变现的资产，我们就将其归为流动资产，反之归为非流动资产。当然也有特殊情况，比如造船厂、房地产公司的存货生产周期超过1年，则将超过1年但是在一个正常的经营周期出售、变现、耗用的资产，也归为流动资产。

菜刀公司在刀把上增加手绘，融入故事，菜刀很受年轻人的喜爱。为迎合市场，菜刀公司还进行了厨具套装产品开发。菜刀公司2019年成功升级为年营业收入为5 000万元的厨具公司。赵末经理在新一年的战略规划中，增加了自有土地和房产的规划。

厨具公司花了1 000万元购买工业园区的一栋厂房和办公楼，同时又置办了大型的先进机器设备，价值600万元。为确保核心竞争力不被竞争对手仿制，厨具公司将手绘在产品中的应用，专门申请了实用新型专利权，花费10万元。之后厨具公司又拿出60万元资金，收购配套厂家手绘公司60%的股权。

表3-4是资产负债表中的部分非流动资产项目。厨具公司的这一系列现金支付操作，哪些最终形成了非流动资产呢？哪些与表3-4中的项目有关呢？

表3-4 资产负债表中的部分非流动资产项目

单位：万元

资产	行次	期末余额	年初余额
非流动资产：			
长期股权投资	17	60	
固定资产原价	18	1 600	
减：累计折旧	19		

续表

资产	行次	期末余额	年初余额
固定资产账面价值	20		
在建工程	21		
无形资产	25	10	
长期待摊费用	27		
非流动资产合计	29		
资产总计	30		

厨具公司购买的厂房、办公楼和机器设备共计1600万元，属于固定资产；花费10万元申请的专利权则属于无形资产；支付60万元收购的股权属于长期股权投资。

3.3.1 长期股权投资的价值重大

厨具公司为什么用60万元投资手绘公司呢？菜刀公司是一个传统企业，能够发展得那么快，并不是由于刀磨得有多快。作为新成立公司，其销售额两年便达到5 000万元，是因为其利用手绘吸引了年轻人的目光，运用手绘把菜刀和其他厨具结合，将厨具变得更有趣。当然这家手绘公司也可以给其他公司提供配套服务。赵末经理果断收购手绘公司的股权，控制关键技术，拥有了核心竞争力。

为了控制一家公司，收购股权或进行投资所形成的资产，就是长期股权投资。

厨具公司占手绘公司60%的股权，足以对其形成控制。那么占股的比例不同，股权持有者的权力是不是也不同呢？

不同持股比例对应的权力如图3-4所示。

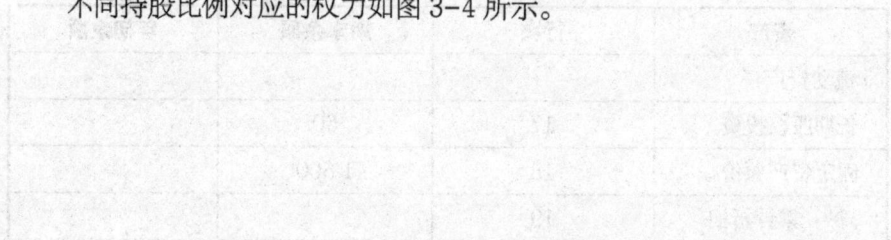

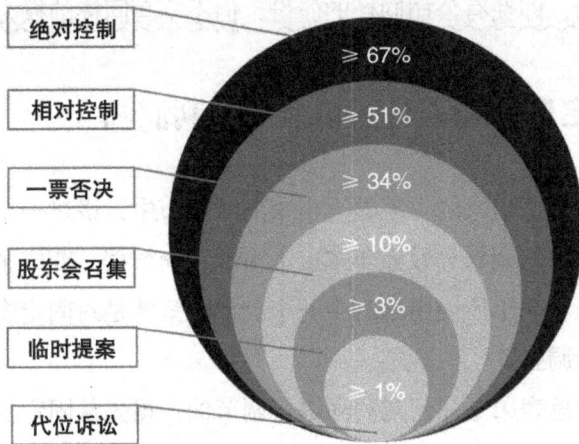

图 3-4　不同持股比例对应的权力

持股比例大于等于 67% 的股东，拥有的是绝对控制权，能决定公司的各项重大事务，例如公司合并、增资等。

持股比例大于等于 51% 小于 67% 的股东，拥有的是相对控制权，如果公司章程没有某些特殊规定，该股东可以决定除绝对控制权所设特殊事项以外的全部事项。

持股比例大于等于 34% 小于 51% 的股东，则拥有对需要三分之二以上表决事宜的一票否决权，也可以决定公司是否可以修改章程、增加或减少注册资本等事项。

持股比例大于等于 10% 小于 34% 的股东，有召集和主持临时股东会的权力。

持股比例大于等于 3% 小于 10% 的股东，拥有公司的临时提案权，可以在股东会召开十日内书面申请临时提案。

持股比例大于等于 1% 小于 3% 的股东，拥有股东代位诉讼权。

从这里可以看出，持股比例低于 50% 时，股东没有对公司的相对控制权。但有人会提出疑问：为什么尽管京东创始人只有京东大约 16.2% 的股权，但公司事务仍然是京东创始人决定呢？实现小股权控制经营权的方法有很多，其中我国公司法中就有允许有限责任公司在章程中设置同股不同权的规则，即拥有公司同样的股份，但不享有同样的权力。

3.3.2　固定资产和累计折旧能调节利润吗

在"利润是算出来的，不是干出来的"小节中，讲过一个案例：王总表弟利用会计政策调整导致当年本应下滑的利润数据，变成了利润连续三年增长。而王总表弟所使用的其中一个会计政策就是对固定资产的累计折旧的年限进行调整。

要知道王总表弟是如何对利润进行调节的，得先从固定资产和累计折旧的关系说起。

固定资产的"固定"可以相对于流动资产的"流动"做比较，其持有时间一般会超过 12 个月。持有固定资产的目的并非买卖，而是让流动资产更好地变现。所以厨具公司花 1 000 万元购买工业园区的一栋厂房和办公楼，600 万元置办的大型先进的机器设备就是典型的固定资产。

房产、汽车、轮船、家具、机器设备、工具、器具等都是常见的固定资产。

但有的时候，我们很难分清楚哪些是存货，哪些是固定资产。让我们来做个小练习，区分以下几种情况下，哪些是存货，哪些是固定资产。

（1）房地产企业开发的住宅楼。

（2）科技公司研发中心的显微镜。

（3）建筑公司租赁的吊车。

（4）造船厂自建的船坞。

（5）服务公司给租赁的办公室安装的空调。

（6）复印机生产企业生产的复印机。

笔者的观点如下。

（1）房地产企业开发的住宅楼，其目的主要是出售，那么虽然建造时间会超过一个会计年度，但仍然是存货。

（2）科技公司研发中心的显微镜，这是研发中心的设备，因此是一项固定资产。

（3）建筑公司租赁的吊车，对于建筑公司而言肯定不是存货，其次又是通过租赁获得的，也就是所有权不属于建筑公司，也不是固定资产。

（4）造船厂自建的船坞就是自建的固定资产。

（5）服务公司给租赁的办公室安装的空调，是服务公司的固定资产。

（6）复印机生产企业生产的复印机，可有不同的归类。如果企业将生产的复印机用于销售，那就无疑是一项存货。如果企业把生产的复印件放在办公室供员工使用，那就属于固定资产。

固定资产在为企业所使用并创造产品的同时也在不断损耗，这个损耗的量，就称为折旧。折旧将固定资产的价值逐步转移到生产产品的成本中，通过售卖产品来实现固定资产的价值，产生利润。累计折旧就是折旧历年累计数形成的，属于固定资产的抵减项。

那么固定资产的损耗怎么来计量呢？

计算折旧最重要的就是要确定折旧年限。折旧年限越长，每年计入产品成本的折旧金额就越少。一般来说，房屋建筑物的最低折旧年限为 20年，飞机、火车、轮船、机器机械和其他生产设备为 10 年。

王总表弟授意财务人员将主要固定资产的原折旧年限延长了一倍，这就会导致每年的折旧额减少一半。在营业收入不变的情况下，营业成本却会减少很多，那无疑就虚增了利润。

因此，随意调整折旧年限也是不被允许的。经过企业的股东会审批，并在财务报表附注中予以说明其对当年利润的影响值，才是正确的做法。

除了调节折旧年限可以影响利润外，固定资产的预计净残值、折旧方法都会影响到折旧的计算。

3.3.3　在建工程也需要缴纳房产税吗

在建工程这个资产负债表项目，从字面意思上就能看出其所表达的是正在建设的工程。一旦建设工程完工，无论用不用，只要达到可以使用的状态都要转入固定资产，并且还要从达到可以使用状态的次月开始缴纳房产税。

　　幸福花有限公司（以下简称"幸福花公司"）是一家生产与销售毛巾的公司，总经理张开带领幸福花公司迅速扩张，该公司急需要扩大生产。

　　2020 年 3 月，张开听说公司附近有一宗土地正在拍卖，于是立刻参与，最终以 480 万元的价格获得该宗土地。随后，张开委托盛装建筑公司负责厂房的建设。2020 年 8 月底主体完工，基本设施也安装完毕，预算建设支出约为 1 000 万元。但由于幸福花公司的建设资金迟迟没有交付给建筑公司，建筑公司随即安排人留守工厂，不让幸福花公司使用厂房。

　　次年，经过政府协调，张开承诺开工后有了资金优先支付盛装建筑公司，盛装建筑公司才让出厂房。2021 年 3 月，幸福花公司开始使用该厂房。但随后幸福花公司以工程结算存在问题为由拒绝支付工程款，一直到 2021 年 12 月才支付了工程款 998 万元，并收到盛装建筑公司的工程款发票。

　　幸福花公司从获得土地，到取得发票形成完整的厂房，共有四个关键的时间节点。那么哪个时间节点是固定资产——厂房确认的时点，哪个时点又是应该开始缴纳房产税的时点呢？

　　第一节点是 2020 年 3 月，幸福花公司在取得土地后，应当将取得的土地作为无形资产入账。随后准备将其建成厂房扩大生产，此时不需要缴纳房产税，因为房产税是对房产征收的一种税。顾名思义，房产就是房屋，房屋是指有屋面和围护结构，能够遮风避雨，可供人们在其中生产、学习、工作、娱乐、居住或储藏物资的场所。此时的土地什么都没有，更谈不上可以遮风避雨或在其中学习、工作。

　　第二节点是 2020 年 8 月底，厂房的主体完工、基本设施安装完成，可以达到使用的状态，也就是能够遮风避雨或在其中生产和工作，厂房建造已经完成。虽然幸福花公司未向盛装建筑公司结算工程款，但这并不能作为在建工程不转为固定资产的理由。幸福花公司可以暂估 1 000 万元作为固定资产的入账价值。

　　同时，这个时点也是房产税缴纳的节点，在建工程转为固定资产的次月就要开始缴纳房产税。所以无论是财务上确认固定资产，还是税法上对房产税缴纳时点的确认，都以房产达到预定可使用状态为依据，不论是否使用。

第三节点是 2021 年 3 月，在政府的协调下，幸福花公司已经开始使用新厂房，但并没有结算工程款。此时，暂估入账的固定资产应该在开始使用的次月计提折旧。

第四节点是 2021 年 12 月，幸福花公司结算盛装建筑公司工程款 998 万元，并取得工程款发票。而此时的幸福花公司财务人员应根据真实的工程款，对原来暂估的固定资产的入账价值进行调整，但不需要调整已经计提的折旧金额。

在建工程在达到使用状态时应转入固定资产，转为固定资产的次月开始需要缴纳房产税，但有的在建工程即便没有完工，同样也需要缴纳房产税。

文兴公司 2019 年年初花费了 3 000 万元购入一幢写字楼，共五层。购买时写字楼是旧房，达不到文兴公司的使用要求。为了快速使用，文兴公司决定装修改造，每改造好一层，就先使用一层。

文兴公司的会计将写字楼的价值计入在建工程，2019 年 1 月共完成两层装修并投入使用，支付装修费 300 万元；2019 年年底，该写字楼完成了全部装修，又支付了 450 万元装修费。但文兴公司只使用了两层，其余三层准备出租。2020 年 6 月这两层以每年 100 万元的价格，出租给一家商务酒店。

文兴公司的会计一直到 2020 年 6 月才将在建工程转入固定资产。

文兴公司会计的操作哪里不对？什么时点缴纳房产税？

2019 年 1 月，已有两层装修完毕并投入使用，但会计并未进行任何会计处理。装修费已经支付，此时会计应该将已经投入使用的两层，转为企业的固定资产，确认固定资产的价值为 $3\ 000 \times 2 \div 5 + 300 = 1\ 500$（万元），并从投入使用的次月开始对这部分固定资产计提折旧。

同理，2019 年底剩余的三层写字楼也都装修完毕，应转为固定资产。而会计延迟结转固定资产，会造成在资产负债表中未能体现有房产投入使用的状况，容易导致报表使用人对已投入使用固定资产形成错误的判断。至于这个错误是有意为之，还是因为政策掌握得不好，也许可通过错误导致的后果来判断。

来看看房产税的规定。虽然文兴公司购买的是旧楼，无论是使用还是装修，文兴公司都应在办理完写字楼过户手续的次月就开始按自用方法计算缴纳房产税。2020年6月，文兴公司将写字楼的三层出租给商务酒店，获取租金收益，此时文兴公司就应当按租赁收入的方式计算这三层的房产税。

所以，在建工程是不用缴纳房产税的。但是只要工程完工达到可以使用的状态，就要缴纳房产税。已经使用再翻修的房产，只要不是大的停工改造，房产税也要持续缴纳，这与是不是在建工程核算没有直接关系。

但是大部分人会误认为在建工程若达不到预定可使用状态，自然不用缴纳房产税。那么会计有意将已完工的房产错误地计入在建工程，故意延迟缴纳房产税的意图也就昭然若揭了。

3.3.4　土地使用权是固定资产还是无形资产

土地这项资产既看得见又摸得着，但是企业购买土地获得的并非土地所有权证，而是土地使用权证，土地使用权证如图3-5所示。2015年3月1日起，全面启用统一的不动产登记证书，持有土地使用权证未更换的，其依然有效。

图3-5　土地使用权证

在我国，土地的所有权是归国家或者集体所有的，所以企业通过合法渠道购买的只是土地的使用权，并且也需要在国家允许的范围内使用土地。地下如果发现了矿产、宝物等也均归属国家。

既然是使用权，就会有使用期限的限制。土地的使用期限最长不能超过70年，其中居住使用的土地的最长使用期限为70年，作为工业使用的土地的最长使用期限为50年；作为教育、科技、文化、卫生、体育使用的土地的最长使用期限为50年；商业、旅游、娱乐用地的最长使用期限为40年；综合以及其他用地的最长使用期限为50年。

既然只有使用权，土地使用权是不是就应该是无形资产，在无形资产中归集金额呢？

情形一：华日设备制造公司在2015年之前从一级市场以3 000万元的价格买下了一块土地，支付了90万元契税。

华日设备制造公司购买了土地使用权，并取得土地使用权证，资产负债表中应当体现为无形资产。

情形二：华日设备制造公司在2016年又花费了6 000万元从另外一个公司购买一栋办公楼，并办理了不动产权证（见图3-6）的过户手续，取得了印有华日设备制造公司的不动产权证。但财务部门对办公楼该如何入账有疑问。由于办公楼所处位置接近市区，市场价格比较透明，所以办公楼所处的土地当时的市场价值为4 000万元，办公楼的市场价值为3 000万元。

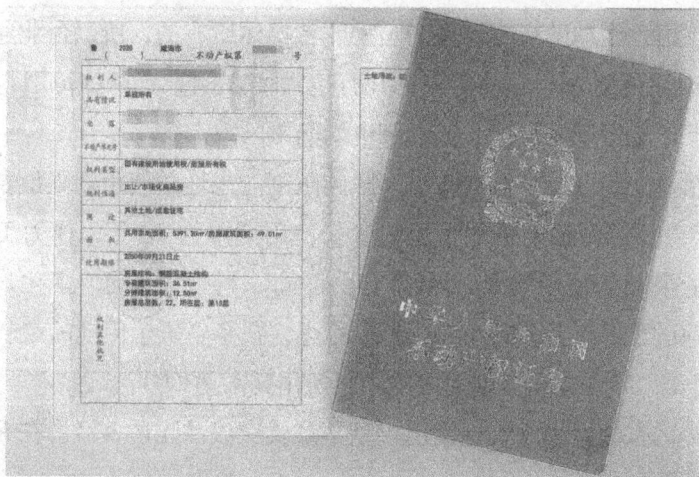

图 3-6　不动产权证

企业通过外购房屋建筑物而获取土地使用权的，支付的价款包含土地使用权和建筑物的价值，那么企业应当将实际支付的价款按照合理的方法在土地使用权和建筑物之间进行分摊，将二者分别确认为无形资产和固定资产。在情形二中，财务人员可以以购买时土地和办公楼的市场价值为基础，将 6 000 万元进行分摊，计算过程如下。

确认的土地使用权的价值 =6 000×4 000÷（4 000+3 000）=3 429（万元）

确认的办公楼的价值 =6 000×3 000÷（4 000+3 000）=2 571（万元）

通过上述计算，财务人员应当将 3 429 万元的价格作为无形资产的入账价值；将 2 571 万元确认为办公楼的价格，也就是固定资产的入账价值。

但并不是所有的建筑物都能轻易获取到市场价值。对于所处地方较为偏僻、难以获取市场价值的，支付的价款确实无法在土地使用权与建筑物之间进行分摊的，则应当将全部价款确认为固定资产，按照固定资产确认和计量的原则进行会计处理，这也意味着土地使用权也可以确认为固定资产核算。

情形三：华日设备制造公司在 2015 年之前投资成立了华日房地产开发公司，通过拍卖最终以 4 000 万元的价格获取位于城郊的一块地，并取得了土地使用权证。华日房地产开发公司决定在该地上建造豪华住宅小区。楼盘竣工决算时，共发生建设成本金额 9 000 万元。

房地产开发企业取得的土地使用权，用于建造对外出售的房屋建筑物的，土地使用权的价值应当计入所建造的房屋建筑物成本核算，都属于存货的范畴。等房屋建筑物建造完成后，应当将开发成本的 4 000 万元与建设成本 9 000 万元转为开发产品，也就是华日房地产开发公司待售的存货——豪华住宅小区。

因此，企业不同、获取土地使用权的目的不同，土地使用权也会在不同的资产负债表项目中核算，如在存货、无形资产或者固定资产中进行核算。

3.4　什么是负债

如果说资产是装在口袋里的钱，那负债就是口袋里并不属于你、要在一定时间内归还给别人的钱。再直白点说，负债就是欠别人的钱。比如，你向银行借款 100 万元买了套房子，虽然房子是你的，但你也为此成了"房奴"，因为你欠银行 100 万元，这 100 万元就是你的负债。

负债就是指企业通过以往的交易和事件产生的，未来需要支付的在现在时点计算出来的欠款。

不仅欠银行的钱是负债，欠职工的工资、供应商的货款、欠交的税款等都是负债。

3.4.1 谁是企业的债权人

我们一起回忆赵末经理经营菜刀公司并逐步使其发展壮大的案例。当年赵末经理用 9 万元买了一批铁、1 万元买了木头做刀的把手，支付了 1 万元的工人工资，加工制造成一批菜刀，赵末经理手中资金周转不开，买铁时欠了对方公司 1 万元。

那么很显然，赵末经理虽然获得了价值 9 万元的铁，但实际仅支付给对方 8 万元，那么欠付的 1 万元，就成为菜刀公司的负债。

菜刀公司资金一直不是很充足，便想通过银行贷款获得资金，但是菜刀公司没有房产等有价值的抵押物，因此不能获得抵押贷款。银行与赵末经理进行协商，银行开设了私人业户贷款项目，赵末经理可以获得 60 万元创业信用贷款，菜刀公司因此顺利获得了 60 万元资金。

菜刀公司发展成厨具公司后，购买了厂房和办公楼。为了让流动资金能够更充足一些，通过厂房和办公楼抵押，厨具公司获得 3 000 万元的银行贷款。

在这两个不同的时间段内，菜刀公司的债权人是不是都是银行呢?

第一笔借款的债权人是赵末经理，第二笔的才是银行。第一笔借款中，因为向银行申请 60 万元的创业信用贷款的是赵末经理，赵末经理将钱又存入菜刀公司的账户，因而赵末经理才是菜刀公司的债权人。赵末经理和菜刀公司是两个独立的法律主体。

从上述案例中，我们知道供应商、投资者和银行都可能是公司的债权人，除此之外公司还有一个特别重要的债权人——职工。不论是厨具公司还是其他公司，职工都是公司的债权人，因为大多数公司都是下个月发职工上个月的工资，所以从一定意义上讲职工也是公司的债权人。

3.4.2 债务人的纠纷不确定，是否属于负债

著名的白天鹅案件就发生在 2007 年。在某面服饰股份有限公司与上海 ABC 服饰有限公司（以下简称 "ABC 公司"）等侵犯商标专用权纠纷

案中，该面服饰股份有限公司起诉 M 先生委托 ABC 公司生产的羽绒服，侵犯了其在我国取得的字母标志及相关图形商标权益。

最终上海二中院于 2008 年做出判决：M 先生、ABC 公司共同赔偿该面服饰股份有限公司包括合理费用在内的经济损失 60 万元；柏 EF 公司、白小鸭公司共同赔偿该面服饰股份有限公司包括合理费用在内的经济损失 20 万元。一审判决后，M 先生向上海市高级人民法院提起上诉，但被驳回，维持原判，最终 M 先生侵犯商标权案件在 2010 年审判结束。

这场诉讼前后经历四年时间，标的额虽然现在看起来并不高，但在当时多数人对知识产权还不太在意的年代，引发了很多人的关注。在 2007 年该案件尚在受理中，柏 EF 公司、白小鸭公司认为很可能败诉，此时的白小鸭公司财务报表上一定不会体现这件重大事件对资产的影响，但是一旦败诉，柏 EF 公司、白小鸭公司就会面临经济利益流出公司，以及其他侵权导致的名誉受损局面，进而影响公司的盈利能力。

这种已经预见可能导致公司损失，但又无法确定的债务称为或有负债。对于或有负债，是不需要调整财务报表的，只需要在当年的财务报表附注中披露相关事件。

2008 年，人民法院做出一审判决，柏 EF 公司、白小鸭公司需要共同赔偿 20 万元，虽然 M 先生上诉，在胜负未知的情况下，该赔偿款对这两个公司来说就已经不是或有负债，而是一项预计负债，需要反映在 2008 年的财务报表中。

那或有负债和预计负债究竟是怎么回事？或有负债是企业的潜在义务或者现时义务，但是该义务并不会导致企业发生损失，是表外事项，只需要在财务报表附注部分写清楚。预计负债比或有负债发生的可能性大，会使企业发生一定金额的损失，是表内事项，需要在财务报表中单独列示。

3.5 财务报表中的负债包括哪些项目

资产分为流动资产和非流动资产，负债也按流动性分类，分为流动负债和非流动负债。负债按债权人身份和形成欠款原因的不同，有应付账款、预收账款、其他应付款、应付票据、应付职工薪酬、应付利息、长期应付款等。资产负债表中的部分负债项目如表 3-5 所示。

表 3-5　资产负债表中的部分负债项目

负债和所有者权益	行次	期末余额	年初余额
流动负债：			
短期借款	31		
应付票据	32		
应付账款	33		
预收账款	34		
应付职工薪酬	35		
应交税费	36		
应付利息	37		
其他应付款	39		
流动负债合计	41		
非流动负债：			
长期借款	42		
长期应付款	43		
递延收益	44		
非流动负债合计	46		
负债总计	47		

菜刀公司在经营发展成厨具公司时，因公司资金紧张，菜刀公司通过向银行借款 50 万元来缓解资金压力，并打算在 6 个月后偿还这笔借款。本月应缴纳的各种税费，合计金额 18 万元，面对公司资金紧张的情况，

赵末经理联合管理层，每人拿出 10 万元，共凑出 60 万元借给公司。公司规定每月 18 号发放上个月工资，本月工资发放金额为 40 万元，同时上个月从供应商手中购买的 30 万元的铁也未能及时付款，本月新签 25 万元的订单，并且公司要求对方支付了 5 万元的货款。

菜刀公司通过抵押自己的厂房和办公楼向银行贷款 1 000 万元，贷款期限为 10 年，每年还款 200 万元，同时为了提高生产效率，菜刀公司决定以分期付款的方式购买价值 500 万元的机器设备，并与卖家协商每年支付 100 万元，5 年结清货款。还将自己闲置的办公楼出租给某设计公司，合同约定出租期限为 3 年，一次性收取租金 18 万元。

3.5.1　长短期借款都是从银行借的钱

上例的菜刀公司为缓解资金压力，贷款的 50 万元和 1 000 万元，都属于通过银行借入的款项。借款占用时间短的，称其为短期借款。借款占用时间较长的，称其为长期借款。那么如何评判时间的长短呢，在财务上还是会以一年为限，菜刀公司通过抵押贷款取得超过一年的银行借款 1 000 万元，便属于长期借款，不超过一年的 50 万元借款就属于短期借款。

长期借款与短期借款都是指企业向银行或其他金融机构借的款。短期借款主要用于维持企业的正常生产经营或抵偿某项债务，而长期借款的借入期限在 1 年以上（不含 1 年），是企业开发项目或者投资固定资产的主要资金来源之一。

借款对企业来说是把双刃剑，不论是长期借款还是短期借款，当资金短缺时，借来的款项能够促进企业开展日常经营和项目投资，企业还能获得一定的杠杆收益；但是同时也会使企业面临财务风险。只要企业能合理运用借款，避免风险损失，就能够实现价值最大化。

3.5.2 长期欠货款欠出刑事案

应付账款是指企业因为购买材料、商品和接受劳务供应等，与企业的生产经营相关的采购业务形成的欠款。上述例子中，菜刀公司购买的 30 万元的铁，并未支付货款，就形成菜刀公司的应付账款。而对于销售给菜刀公司的供应商来讲，30 万元就是应收账款。

武德仁经营一家武家钢材贸易公司，从别处低价收购钢材，再加价销售给客户，通过从中赚取差价款获取收益。因武德仁善于交际，也懂得销售之道，在多年的经营下也积攒了不少客户，与建安建筑公司的孙总也往来多年，双方一直保持着不错的合作关系。

因建安建筑公司每次需要采购大量钢材，双方并没有每次交易都结算货款，而是口头约定每季度末结算货款。前几年建安建筑公司都会按时结清货款，但到 2020 年年底时，建安建筑公司并没有结算货款，武德仁出于多年的合作关系也并没有催促。年后武德仁多次去建安建筑公司催收货款，但该公司都以孙总不在无法审批为由拒绝结算货款。

到 2021 年 6 月建安建筑公司仍没有结算货款的意愿，反而继续拖欠货款。出于前几次催收无果的情况，武德仁并没有将钢材销售给建安建筑公司，并开始催收 2020 年的货款共 120 万元。武德仁多次去建安建筑公司都被孙总拒之门外，三番五次的碰壁让武德仁心生怒气，在回去的路上巧遇孙总，武德仁一怒之下开车将在路边的孙总撞了，造成孙总腿部骨折，武德仁因故意伤害罪被捕。

应付账款就是购买了东西，先不付钱，将经营风险成功地转嫁给别人的款项。虽然应付账款没有利息，实际上是一种典型的商业信用模式，买卖双方之间发生经济交易，在信用期内买方可以延迟一段时间再付款给卖方，但是长期占用会影响企业与供应商之间的信用关系。

当然，这种交易对买卖双方来说都是有利的。对于买方来说，延期付款等于拿着对方的钱买到货物，减少了企业的资金支出，减轻了企业的资金压力。而对于卖方来说，赊销可以更多地卖出货物，减轻库存压力，增加企业利润，也增强了与客户之间的黏性。

但有的企业应付账款长期挂账，真的是企业无力向供应商支付货款吗？还是另有隐情呢？如果挂账的应付账款根本不是真实发生的业务产生的，而是企业为了减轻税负制造的虚假现象，长期挂账而没有遭到起诉的原因也就能让人想通了。

威能医药制业有限公司（以下简称"威能制业"）是一家药物研发与销售公司，总经理于果在医药行业从事多年，经验丰富。2018 年在研究人员的努力下，该公司研发了一种新的药物，该药物在心脏病的预防方面颇有疗效，公司的营业收入也有大幅度的增长，高利润也造就了高税负。

为减轻税负，于果以 5 万元的价格，购买某材料公司的 62.5 万元的增值税专用发票。增值税专用发票交给会计后，会计将该笔金额挂账应付账款，支付的 5 万元则以现金支付。其余的 57.5 万元应付账款由于没有办法支付，就一直挂账。直到 2021 年初，税务机关在审核威能制业提交的材料时，意外发现欠付某材料厂的应付账款竟长期挂账 1 116 多万元，每年只增不减，这引起税务人员的注意。

税务人员感觉事态严重，立刻报告上级，外调该材料公司的账套进行业务真实性的核对。确定该材料公司仅仅是一个开票公司后，又牵出了背后整个虚开增值税专用发票的产业链。在掌握了充足的证据后，税务人员约谈了总经理于果及会计，二人对此事供认不讳，且该材料公司从未与威能制业有过业务往来，他们这么做的目的就是减轻公司的税负。随后税务人员将此案移交公安部门立案侦查。

最终，威能制业补缴增值税和企业所得税等税费款项共计 400 多万元，并需缴纳滞纳金和罚款，同时总经理于果也因虚假取得增值税专用发票而承担刑事责任。

在上述案例中，于果为了减轻税负，从别的公司虚开大量的增值税专用发票，并且长期挂账应付账款，很难不引起税务人员的怀疑。在现实生活中也存在类似的情况，有些企业为了减少账面利润实现少交税的目的，就花钱从其他企业购买成本发票，从而实现增值税抵扣进项作为营业成本入账税前扣除偷逃税款，以及套取企业利润的目的。但该业务的实质就是虚假业务，虽在形式上取得了发票，实现了抵税、套现的目的，在资金流上仍然无法形成闭环，没有真实形成资金支付，从而在账面形成应付账款长期挂账。

3.5.3　用其他应付款藏税被查处

如果说应付账款是与销售业务相关的欠款，其他应付款则包含很多内容，只要没有单独要求列示的欠款，都可以计入其他应付款。"其他应付款是个筐，什么都能往里装"，这句话虽然有点偏激，但也不是没有道理。

其他应付款是指公司在商品交易业务以外发生的应付和暂收款项，即除应付票据、应付账款、应付职工薪酬、应付利润等以外的应付、暂收其他单位或个人的款项，它反映的是公司期末应付但尚未支付的金额。也就是说，没有卖产品，钱却暂时收到。上述菜刀公司向赵末经理等管理层借的 60 万元，便属于公司从个人手中借来的款项，是其他应付款的一种表现形式。

同时，其他应付款是值得注意的资产负债表项目。有些隐匿的收入也会记录在其他应付款中，一旦其他应付款额度过高，就会引发一系列猜测。

2020 年某税务局在分析长城建筑公司申报信息的过程中，检查人员发现，2017 年至 2018 年，该公司销项税额仅为 60 万元，进项税额却高达 470 万元，不仅存在大量进项留抵，而且申报营业收入总额仅为 570 万元。据检查人员了解，长城建筑公司自 2016 年成立后不久，就承接了当地政府部门推动的小城镇建设改造项目，该项目总造价达 5 亿多元，该公司怎么会只有 500 多万元的营业收入呢？

检查人员认为，该公司很可能存在少申报营业收入、少缴纳税款行为，决定继续对其实施核实检查。检查人员依法调取了该公司 2016 年 10 月—2018 年 12 月的账簿、记账凭证及相关合同等涉税资料，发现该公司往来账其他应付款中有金额巨大的借款，而账目中显示这些借款均与小城镇建设改造项目工程有关，并且均来自一家投资公司，借款总金额达 4.3

亿多元。对此，该公司财务人员称，小城镇建设改造项目多、资金投入巨大，公司资金不足，因此这些款项都是为了使项目正常施工运转而筹借的资金，截至审查日，该公司负责的小城镇建设改造项目均未完工，因此公司申报营业收入较少。

检查人员认为财务人员的解释不足为信，决定对住建、财政等部门，以及账簿中所称的借款方投资公司实施外调。随后，检查人员从住建、财政等部门了解到，该小城镇建设改造项目已经基本完工，工程进度款分批拨付给了长城建筑公司，共计 4.3 亿元。但由于工程造价的结算正在审计，因此尚未向长城建筑公司索取发票。

最终根据协查线索对长城建筑公司实施税务检查，确认该公司通过在往来账中以其他应付款长期挂账的方式，少计营业收入 4.3 亿余元。税务局依法对该公司做出补缴税费 4 000 多万元，并加收滞纳金和罚款的决定。

案例中长城建筑公司把其他应付款当作预收账款，且未按工程进度结转营业收入。其行为也是为了藏匿营业收入，达到延迟交税的目的，而巨额的其他应付款一样会引起税务机关的重视。一些企业为少缴纳税款产生大量账外收入，但企业运转又需要账外收入形成的资金，便以借款形式，从老板或其他亲属手中将资金转回公司使用，而这些资金就都计入其他应付款。

3.5.4　预收账款是负债，更是未来的收益

预收账款用于核算企业按照合同规定或交易双方的约定，而向购买单位或接受劳务的单位在未发出商品或提供劳务时预收的款项，被称为"最幸福的会计科目"。

试想一下货还没发出，就收到钱，这难道不幸福吗？在前文菜刀公司的案例中，菜刀公司虽然收取了 5 万元货款，但产品还没有加工生产，那这 5 万元便是预收账款。

如果说应付账款是欠别人的钱，那么预收账款就相当于欠对方的货。比如对方支付给公司的定金 1 万元，这 1 万元的定金就会计入预收账款，

公司收取定金的目的当然不是未来归还定金，而是要给对方货。所以表面上看预收账款是一项负债，但其实属于未来的营业收入，只要货物按合同约定的时间交付，那就可以确认营业收入。

预收账款不仅是企业议价能力的体现，还是营业收入的先行指标。预收账款的趋势性，往往意味着企业在未来一段时间的营业收入将呈现相同的趋势。例如对于菜刀公司而言，预收账款越多，意味着后期需要发出的产品越多，产品越受欢迎，市场竞争力越强，公司未来的营业收入就越有保障。

因为国家政策允许房地产企业预售房产，这对于有限资源的行业来讲，形成大量的预收账款在房地产行业就是普遍现象。房地产行业进行楼盘开发需要大量资金，而通过预售政策，形成预收房款就为楼盘的开发注入大量建设所需的资金流。

3.5.5　现行税种知多少

在企业财务报表列示的负债中，有一个项目是应交税费。资产负债表中应交税费的金额代表企业欠缴国家的税费金额，企业将在次月进行纳税申报，将欠缴的税款上交国家。

企业能够生存和发展，自然离不开国家强大的保障。国家保障人民安居乐业，保障企业在稳定的政治环境、公平有序的经济秩序下经营的前提是有足够的资金，而缴税就是给国家提供保障资金的主要渠道之一。所以企业经营获得的利润除了用来支付经营成本、给员工发薪资、给股东分红，还要做什么？自然是要交税。

那企业需要交几种税？要交哪些税呢？

我国现行一共有 18 种税，按照不同的划分标准，可以有不同的分类方法。按照征税对象分类，可以将这 18 种税分成五大类，详见表 3-6。

表 3-6 税种分类

序号	税收类别	税种
一	所得税类	企业所得税、个人所得税
二	流转税类	增值税、消费税和关税
三	财产税类	房产税、契税和车船税
四	行为目的税类	船舶吨税、印花税、城市维护建设税、车辆购置税、耕地占用税、土地增值税
五	资源税类	资源税、城镇土地使用税、烟叶税和环境保护税

以菜刀公司为例，该公司会涉及哪些税？

（1）增值税。菜刀公司销售菜刀产品、厨具产品，销售原材料、半成品、下脚料，销售旧设备、低值易耗品等都需要缴纳增值税。菜刀公司作为小规模纳税人时，征收率为 3%，待累计营业收入超过 500 万元时，则可转为一般纳税人，税率为 13%。

（2）城市维护建设税。其是以增值税和消费税为计税依据的税。城市维护建设税的征收率分为三个级别：如果菜刀公司所在地是市区，那征收率则为 7%；若所在地是县城或镇，征收率是 5%；所在地不是市区、县城或镇的，征收率则为 1%。

（3）印花税。其是对企业在经济活动中订立及领受合同、账簿、证书等行为征收的一种税。菜刀公司在销售和采购过程中签订的购销合同（同买卖合同，2022 年 7 月 1 日开始实行），就要按照合同金额的 0.03% 缴纳印花税。随着逐步发展，菜刀公司购买了厂房和办公楼，在领用房屋产权证和土地使用证，也需要按照定额税率，每本 5 元缴纳印花税（自 2022 年 7 月 1 日取消，取消前仍然有效）；印花税的税目较多，但都是列举式税目，只要不在列举范围内的都不需要缴纳印花税。

（4）房产税。其是以房屋为征税对象，按房屋的计税余值或租金收入为计税依据，向产权所有人征收的一种财产税。菜刀公司购买的价值 1 000 万元的新厂房和办公楼，需要每年按照房产余值的 1.2% 缴纳房产税；需要特别注意的是，房产税按房产余值计算税金时，房产余值是包括土地使用权的价值的。

（5）契税。其是指不动产产权发生转移变动时，购买方根据契约按交易价格的一定比例缴纳的一次性税。菜刀公司购买的办公楼和厂房属于商用，应按照购买价款 1 000 万元的 3% 缴纳契税。

（6）企业所得税。其是对菜刀公司的生产经营所得和其他所得，扣除相关成本费用后的余额，依法缴纳的税。

很多人会把这个余额误认为是利润表中的利润总额，其实不然，这个余额是根据税法的计算口径计算的。有些费用虽然支出了，在利润表中也用于抵减利润，但在税法中未必都承认，那么在计算企业所得税时是不能扣除的。比如税收罚款、滞纳金等。同样的道理，虽然税收罚款在税收上不允许扣除，但是企业确实承担了，就应该抵减企业利润。

所以企业利润并非计算企业所得税的基数。为了区别，我们会把企业利润称为"会计利润"，把以税收口径计算的余额称为"税务利润"，法定名称为"应纳税所得额"。企业所得税的税率为 25%，如果企业被认定为高新技术企业，则优惠税率为 15%，国家还会出台一些优惠政策，使得有些企业所得税的税负低于 15%；

（7）个人所得税。其是国家对本国公民、居住在本国境内的个人的所得和境外个人来源于本国的所得征收的一种所得税。菜刀公司员工年工资扣除可抵扣项后超过 60 000 元的部分，则需要缴纳个人所得税。虽然个人所得税的纳税人是员工，但是菜刀公司有代扣个人所得税的义务。

菜刀公司聘请的非专职的讲师、专家等，也应该在支付其劳务费时，代扣个人所得税。年底给股东的分红，也需要代扣个人所得税。

（8）车船税。其是以车船为课征对象，向车辆、船舶的所有人或者管理人征收的一种税。菜刀公司随着规模的扩大，如果需要购买运送菜刀的货车以及单位领导工作所需要的小轿车，则需要缴纳车船税。

（9）车辆购置税。在我国境内购置规定车辆的单位和个人需要缴纳车辆购置税。菜刀公司购买的汽车、摩托车、挂车，都需要在购买后按照购买价款的 10% 计征车辆购置税。

（10）城镇土地使用税。其是对使用国有土地的单位和个人，按使用的土地面积定额征收的税。城镇土地使用税采用的是定额税率，即采用有幅度的差别税额。所在地不一样，每平方米土地使用税额也存在差异。

菜刀公司按照厂房及办公楼的使用土地面积缴纳城镇土地使用税，如果菜刀公司位于人口在 50 万人以上的大城市，那城镇土地使用税的征收额为 1.5 元至 30 元每平方米；如果菜刀公司位于人口在 20 万人到 50 万人的中等城市，征收税额则为 1.2 元至 24 元每平方米；如果菜刀公司位于人口在 20 万人以下的小城市，征收税额则为 0.9 元至 18 元每平方米；如果菜刀公司位于县城、建制镇、工矿区，税额则为 0.6 元至 12 元每平方米。具体要看当地税务机关公布的数据。

（11）关税。其是指一国海关根据该国法律规定，对通过其关境的进出口货物征收的一种税收。随着菜刀公司逐渐做大、做强，开始打开国际市场，产品外销，那就需要缴纳关税。菜刀公司的手绘刀具以及厨具正在打开国际市场，那么在出口环节和进口环节都可能会缴纳关税。具体也要查看商品是否在海关的关税税收目录中。

大部分企业在经营过程中会涉及 10 个左右的税种，小部分企业会涉及 14 种之多。但税对所有企业都会有影响，且影响金额较大的主要是两种税：增值税和企业所得税。

3.5.6　做生意不得不懂的增值税

增值税是以商品（含应税劳务）在流转过程中产生的增值额，作为计税依据而征收的一种流转税。增值税是价外税，也就是商品的价格是由商品不含税价格与增值税组成的。但通常商品的标价仍然是含税价，所以我国居民对增值税是价外税的感受并不深刻。

增值税征收通常包括生产、流通或消费过程中的各个环节，是以增值额或价差为计税依据的中性税种，理论上有增值额才征税，没增值额不征税。

但增值税的计算过于复杂，所以国家将没有能力准确计算商品增值额的企业，称为小规模纳税人。其经营的商品无论是否增值，都需要根据经营收入，乘以 3% 或 5% 两档征收率来计算缴纳增值税。而对于有能力计算清楚增值额且年应征增值税销售额达到一定标准的企业，称其为一般纳税人。一般纳税人适用的增值税税率根据不同商品或劳务确定为 6%、9%、13% 三档。增值税税率如表 3-7 所示。

表 3-7　增值税税率

增值税纳税人	税率	项目
一般纳税人	13%	销售或进口货物（另外列举的货物除外）
		销售劳务
		有形动产租赁
	9%	粮食等农产品、食用植物油、食用盐、报纸、自来水、农药等
		不动产租赁服务、销售不动产
		交通运输服务
		建筑服务
		转让土地使用权
		邮政服务
		基础电信服务
	6%	销售无形资产
		增值电信服务
		金融服务
		现代服务
		生活服务
小规模纳税人	3%	销售货物、加工修理修配劳务，销售应税服务、无形资产
		一般纳税人发生按规定适用或者可以选择适用简易计税方法计税的特定应税行为但适用 5% 征收率的除外
	5%	销售不动产
		符合条件的经营租赁不动产
		转让"营改增"之前取得的土地使用权
		房地产开发企业销售、出租自行开发的房地产老项目
		符合条件的不动产融资租赁
		一般纳税人提供的人力资源外包服务
		选择差额计税的劳务派遣、安全保护服务

增值税是价外税这一特点造就了其与众不同的计算模式。在很多人眼中零税率与免税应该是一回事，但在增值税中，则完全不一样，即零税率比免税更优惠。

国家为了鼓励出口，执行了零税率。这意味着销项税是零，那么出口货物及应税服务在出口时完全不含增值税，从而以无税价格进入国际市场，这有利于提升我国产品的竞争力。而出口商品在采购时形成的进项税，还可以退税。零税率表现为不征收、可抵扣、可退税。既保留了企业的纳税义务，企业同样也有抵扣税额的权利。

增值税免税是销售环节不征收增值税，但同样进项税额是不允许抵扣的，即纳税人必须放弃抵扣税款的权利，并且不退还在其他流转环节已经缴纳的税款。免税表现为不征税、不让抵、不退税。

为将增值税核算清楚，企业应根据不同业务的形成原因分别设置会计科目，从会计科目名称上也看得出增值税的复杂性。增值税涉及的会计科目如表3-8所示。

表3-8 增值税涉及的会计科目

一级科目	二级科目	三级科目	相关说明
应交税费	应交增值税	销项税额	销售产生的税款（含开票或未开票申报的部分）
		进项税额	月末从待认证进项税额明细科目中转入的税款
		进项税额转出	企业购进后已抵扣的进项税，发生不得抵扣的情况，其抵扣的进项税应做转出处理
		减免税款	依据有关规定给予的减税、免税，如税控盘技术维护费
		已交税金	次月交上月的税计入此科目
		转出未交增值税	月末，销大于进，需要交税，将三级科目都转入此科目
		转出多交增值税	月末，企业预缴的增值税大于销项税，转出结平

一级科目	二级科目	三级科目	相关说明
应交税费	待认证进项税额		待认证的专用发票，到月底决定是否用于本月抵扣
	预交增值税		销售或转让不动产、不动产租赁、建筑服务，收到预收款时，应预缴增值税
	简易计税		转让不动产（2016年4月30日前取得）、劳务派遣差额征收、建筑服务甲供材等、出售旧固定资产，可选择简易计税
	未交增值税		月末，如果有贷方余额，表示需要交税；有借方余额，表示有税留抵

3.5.7 调节社会公平的企业所得税

企业在生产经营的过程中，最主要的目的就是取得利润，同时企业以获取的利润为基数进行调整后计算向国家缴纳税款，这就是企业所得税。企业所得税的征税对象是纳税人取得的各种所得，包括销售货物所得、提供劳务所得、转让财产所得、股息红利所得、利息所得、租金所得、特许权使用费所得、接受捐赠所得和其他所得。

很多税种无论企业获利还是亏损，只要发生了应税行为、持有应税资产都需要缴纳税金。企业所得税被称为调节社会公平的税种，因为企业所得税只针对有盈利（应纳税所得额为正数）的企业征收。并且根据盈利的多少，对应的税率也有所不同，最大限度地体现征税的公平性。

这也就解释了同样都是对企业的所得征税，为什么有的征收25%，有的征收15%，甚至有些经过优惠政策调整，企业所得税的税负低于5%。

比如，在2020年疫情发生后，国家对盈利水平低的小微企业，在给予20%低税率的基础上，又增加了减半征收的优惠政策，经过一系列的操作，年应纳税所得额不超过100万元的部分，减按12.5%计入应纳税所得额。也就是说100万元的应纳税所得额，只对其中的12.5万元征收企业所得税，企业只需要缴纳2.5万元的企业所得税，税负仅为2.5%。小企业的税收负担大幅度减轻，增强小企业的竞争力，对缩小企业间的差距具有一定作用。小企业的利润得到保障，增加投资、扩大规模、提升员工福利等的可能性也就增加了。

再如，对高新企业、技术先进型企业、西部地区鼓励类产业、部分集成电路生产企业和从事污染防治的第三方企业来说，企业所得税税率仅为15%，而对于重点软件企业和集成电路设计企业，也仅征收10%的企业所得税。这是国家为了鼓励这部分行业的企业提升自己的自主创新能力，加快企业产品研发、技术创新和人力资本提升的进程，促进企业竞争能力的提升给予的税收优惠。通过税收优惠减轻这部分行业的企业的税收负担，让它们有更多资金投入研发，这更有利于我国企业走出去，面向国际。

所以企业所得税是国家公平税负、完善税制、促进企业和社会共同发展的最有价值的工具之一。

3.5.8　是负债还是营业收入

在资产负债表列示的负债中，有一个项目叫递延收益。递延收益看起来并不像是需要偿还的债务，倒更像是一种收入。递延的意思就是并非现在确认，而是往以后年度延伸确认。所以，递延收益是一种截至报表日不能确认为收入，而在以后年度满足一定条件后再确认为收入的项目。

递延收益一般用于核算与政府补助相关的业务。政府补助就是政府有条件给予的资产补助，可能是资金，也可能是其他资产，但是资金的可能性更大。政府补助给企业的钱，一般会限定用于特定产业或项目，比如新能源汽车、环保设备、人才引进等。企业收到资金后，也只能专款专用，如果在指定项目中没用完的，一般都要退回，不能挪作他用。

企业收到资金时，此时还不能将其算作企业的收益，只有把钱用出去，那部分用了的钱才属于企业的收益。因为使用的部分，企业不能保证一定会使用，没有使用的资金需要退回给政府。

也就是说，企业收到资金时，还不能说钱就属于自己，钱还是政府的，只有把钱花出去了才能转为企业的收益。所以，在钱没有用出去以前，是一种对政府的负债，只有以后在指定项目上花掉了才能转为收益。

天元新科技有限公司（以下简称"天元科技"）是一家致力于环保设备的研究与开发的公司，该公司从成立至现在申请了多项知识产权和专利权，在当地也很受政府的重视。

2020年天元科技发现新的环保研究项目，拟对其投入大量资金进行研发。政府相关人员对天元科技提交的材料审核后，认为此次项目研究成功后对当地的意义重大。政府通过程序批准了600万元的补助资金。

天元科技拿到补助资金，正式开启项目研究。截至2021年年底，补助资金已经花费480万元，但此次项目以失败告终。天元科技应如何处理政府补助剩余的120万元，花费的480万元又是否需要补还给政府呢？

在天元科技的案例中，虽然项目失败了，但花费的480万元确实是花在环保项目的研究上，因此这480万元不需要补还给政府。对于政府补助的递延收益，只有花出去的钱才能转为企业的收益，没有花出去的部分还是对政府的负债，因此项目失败了，也就意味着剩余的120万元是需要归还给政府的。

3.6　什么是所有者权益

资产的来源有两条途径：一是通过债权人给予的资金、货物等形成；二是来源于所有者权益。所有者投入资金形成企业，企业运转的第一笔资金也来源于所有者，因此企业通过经营形成的利益自然也属于所有者。

3.6.1　所有者权益包括哪些项目

资产负债表中的部分所有者权益项目如表3-9所示。

表 3-9　资产负债表中的部分所有者权益项目

负债和所有者权益（或股东权益）	行次	期末余额	年初余额
所有者权益（或股东权益）：			
实收资本（或股本）	48		
资本公积	49		
盈余公积	50		
未分配利润	51		
所有者权益（或股东权益）合计	52		

实收资本（或股本）：解释了刚成立的企业，钱从哪儿来。

资本公积：解释了企业注册资本增加时，溢价的部分归谁了。

盈余公积：解释了为什么企业赚到的利润不能都分了。

未分配利润：解释了企业还有多少没有分配的利润。

3.6.2　刚成立的企业，钱从哪儿来

初为人父母的喜悦还历历在目，随之而来的就是养育子女的艰辛。一个企业的诞生就像一个婴儿的出生一样，从孕育时就开始筹划。父母在做着胎教，规划着子女的成长路径。企业能不能成为参天大树，结出丰硕的果实，也都经过了提前的可行性分析和研究。那么谁是企业的父母呢？法律给企业的父母起了一个好听的名字——股东（合伙人）。

没做好胎教的父母，总是怀疑这是否会对子女的成长产生不利影响；企业经营遇到困难，也往往让股东回忆当年没有做出一个好的规划就草草注册了企业，导致好多没有考虑到的事情发生而没有应对措施。养育孩子的过程是艰辛的，企业从诞生那一刻起，也会经历一段需不停投入资金的阶段，称之为"开办期"。开办期就是养成期，这个钱谁来支付呢？当然是"父母"，也就是企业的股东。

企业收到股东的钱就获得了实收资本。实收资本是指企业按照和股东约定的章程或合同、协议中的内容，实际接受股东投入企业的资本。企业

的经营最需要钱，而其他的任何有利于企业发展的资源，企业也都需要。也就是说，股东不仅仅可以用钱投资企业，还可以使用钱以外的其他资产出资。

股东将资产投入后，就不能随意抽逃出资了。但是股东可以采用合法的程序进行减资；也可以将所持的股份转让给他人的方式，收回出资。

3.6.3 资产负债表中的实收资本为什么和注册资本有时不一样

菜刀公司收到赵末经理 20 万元的首笔启动资金，这时候菜刀公司就获得股东的投资款，那么就相当于取得了 20 万元的实收资本。但是 20 万元仅够维持公司启动前期的开销。购买原材料、聘请工人生产加工，到销售回笼第一笔资金估计还需要 100 万元。赵末经理许诺向菜刀公司一共投资 100 万元，并且到国家行政部门做了登记。

那么这 100 万元就成为菜刀公司的注册资本，实际收到的 20 万元是实收资本，也就是实际收到的资本金。股东承诺投入多少钱使企业正式具备生产和经营能力，这个对钱数的承诺经过登记就成了注册资本。

注册资本就是企业按照与股东约定的章程或合同、协议中的内容，接受股东拟投入企业的资本金，并经过国家行政管理机构登记，记录在法人营业执照上的金额。

注册资本和实收资本可以不一致，自 2014 年起公司法中规定的认缴制就已经开始普遍使用了。而且从这一年起，国家行政部门也不再对需要投入的资本进行验资。

当然承诺也可以变，若承诺变了，到国家规定的登记机构办理变更就可以了。

认缴制就是承诺的注册资本不需要实际投入也可以开展生产经营，取得营业执照。但是在登记时，股东会在章程中承诺投资到位的时间，如果到时间投资仍未到位，那就触犯了法律。当全部认缴资本到账后，注册资本与实收资本才会相等。

但是部分会计人员和企业管理者缺乏验资专业知识，在资金投入的过程，缺少专业人员的指导。比如，投入的资金没有进入公司的银行账户，导致无证据证明投资到位，投入的资产与章程规定不符导致投资不到位，这也间接导致了很多与股东之间的矛盾升级为经济纠纷。

3.6.4　公司注册资本增加，溢价的部分归谁

赵末经理当年出资 100 万元成立了菜刀公司，这时注册资本与实收资本是一致的。公司运行四年以后，取得了不俗的成绩，但扩大再生产需要更多资金。赵末经理找到天使投资人方胜协商此事，经过协商，方胜同意对菜刀公司增资 1 000 万元，并持有 50% 的股份，此时两个股东持有的股份各占 50%。

菜刀公司增资溢价过程如图 3-7 所示。

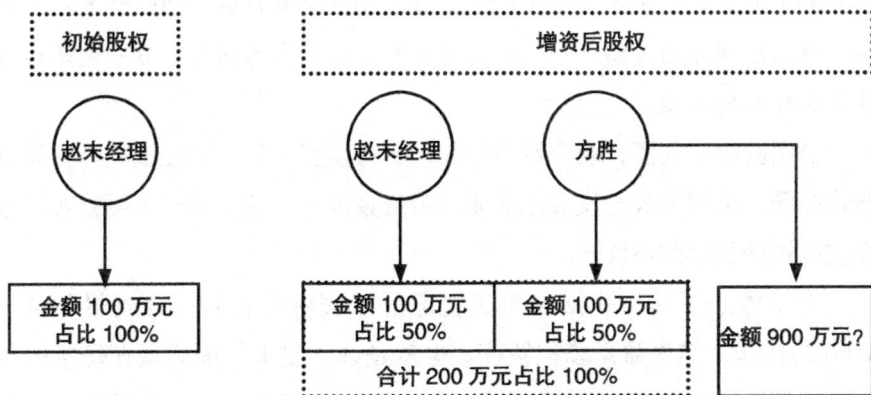

图 3-7　某刀公司增资溢价过程

从图 3-7 中可以看出，公司在增资前，注册资本是赵末经理一人投资的 100 万元，其占股 100%。方胜增资后，赵末经理的持股比例就从 100% 降为 50%，所以相当于注册资本的总和增长到了 100÷50%=200（万元）。也就是说，方胜实际增加的注册资本应该是 100 万元。

方胜实际上投入了 1 000 万元，如果实收资本中只有 100 万元属于

投资款，那另外的 900 万元到哪儿去了？方胜之所以同意溢价增资，是因为看中赵末经理这几年带领菜刀公司取得了不俗的成绩，一步步成为厨具公司，且市场份额不断扩大。正是公司的发展前景吸引了方胜，因此他愿意多拿出 900 万元资金。而这多出来的 900 万元被称为资本溢价，应当计入资本公积。

资本公积不仅可以用来衡量投资者投入的超过注册资本部分的金额，还包含直接计入所有者权益的利得和损失。

3.6.5　为什么企业赚到的利润不能都分了

菜刀公司经过不断尝试，终于找到手绘这种年轻人喜爱的表现形式，并将之与产品结合，迅速打开市场，订单供不应求，2020 年急需扩大产能，并增加其他厨具与菜刀配套形成新的产品系列，需要增加新的生产流水线和车间，计划投入 1 000 万元。2019 年公司累计赚了 200 余万元的利润，赵末经理开始犯愁，一边是公司发展急需资金的问题，另一边是利润要怎么分配的问题。

公司获得了利润，股东希望分红，获得投资回报。分红就意味着现金流出公司，但因为公司发展还需要更多资金投入，这就形成了经营者与股东之间短期目标的不统一。

为了缓解矛盾，我国公司法规定公司获得利润后，必须留存至少 10% 的利润，作为盈余公积留存。也就是说，赵末经理必须在每年的利润中，留下利润的 10% 作为盈余公积，不能分配给股东。公司还可以协商提取任意盈余公积，这没有比例限定，股东会可以协商决定。

提取盈余公积实际上就是向投资者分配利润的一种限制，成为企业净利润的一个分配去向。实际上盈余公积是留存在企业内部，具有特定用途的收益积累。

未分配利润是企业实现的净利润，经过弥补亏损、提取盈余公积和向投资者分配利润后留存在企业、历年结存的利润，就是挣的钱还没想好怎么花的那部分。相比盈余公积，企业对未分配利润有更大的自主权，可以决定是用来以后年度分配还是用于其他方面。

3.6.6 不掏一分钱却出资到位

能够成为公司的股东，并且享受股东的各种权利，就要做到出资到位，并且出资后不能抽逃。公司发展需要的资产和各类资源很多，但并非所有资产和资源在投资时都能得到法律的支持。合法且可以用于出资的资产要具备四个条件：可以用货币公允地计量、资产的转让和过户不受限制且合法、对公司经营具有有用性、股东享有所有权（土地使用权除外）。

比如，货币资金、知识产权、债权、设备、工具器具、车辆、存货、软件所有权、专利权、土地使用权、房产所有权等都具备上述四个条件。有些资源也是公司需要的，但却不能作为合法的出资资产。

传涛教育咨询公司（以下简称"传涛公司"）看中一栋临街的门市房，房屋的所有者将房屋已出租给张力12年。传涛公司与张力协商后达成协议，传涛公司在剩余10年可以使用其中一半的面积，张力将租金折算的金额投入传涛公司，并持有传涛公司5%的股权。

转租的房产使用权是否可以作为股东出资的资产呢？来看看其是否满足出资资产的四个条件。房产使用权确实可以用货币计量，其转让使用权也可以通过房东及现租户的合同确认，对公司未来也能产生价值，但其不满足最后一个条件——张力并不具备房产所有权。所以房产使用权是不能用于出资的。

与房产使用权类似的，但不满足出资资产四个条件的还有商誉、信用、自然人的姓名、订单、劳务、商业模式、成熟的管理团队等。虽然这些资源不能用于合法出资，但由于其对公司未来可以产生价值，可以采用其他方法投入公司并被公司利用。

在出资资产中，有一种特殊的"货币资金"，不需要股东拿出一分钱，只需要股东开会、签字，就可以认定出资到位。那么这种出资行为是什么呢？

康乐服装贸易有限公司（以下简称"康乐服装公司"）从2018年成

立以来，公司经营得不错。到 2020 年末，公司账面已经积累了 500 万元的未分配利润。公司股东一直未分过红，就是为了将更多资金用于公司再发展。

在 2021 年初，股东决定将积攒的 500 万元的未分配利润再投资到公司，以加快公司发展步伐。康乐服装公司共有两个股东，一个是法人股东唯美设计有限公司，其持股 60%；另一个股东是自然人股东张董，其持股 40%。

未分配利润再投资到企业，就是未分配利润转增实收资本的过程。这个过程又可以分解为先将未分配利润分配给股东，股东再将该分红款投回企业，只不过省略了现金流出和现金再流入的过程，所以这种出资也就相当于股东不需要拿出一分钱，但是依然属于合法出资的方式。除了未分配利润可以转增资本，企业的盈余公积和资本公积也都可以转增资本。

由于分配的过程会涉及税金，这里要特别注意一点：法人股东收到分红款是不需要交税的。根据企业所得税法的规定，利用未分配的利润转增资本属于居民企业之间的股息、红利等权益性投资收益，应作为免税收入，免缴企业所得税。

对于康乐服装公司的法人股东唯美设计有限公司来说，持有康乐服装公司 60% 的股权，也就是说 500 万元的未分配利润中有 300 万元是属于自己的。作为康乐服装公司的法人股东，将分红的 300 万元再投入康乐服装公司，增加了康乐服装公司的注册资本，增强了公司的竞争力，从而也获取了更多收益，并且转增资本的 300 万元还不需要缴纳所得税。

但是自然人股东收到分红款，则需要缴纳 20% 的个人所得税。同时，被投资企业有代扣代缴个人所得税的义务。所以对于自然人股东来说，未分配利润转增资本时，其中的 20% 是需要提前预留用于交税的，其余 80% 才能用于转增资本。

对于此次分红增资，对于个人股东张董来说，开始的流程与法人股东一样，参与股东会，投票表决。但与之不同的是，张董持有公司 40% 的股权，也就是享有 200 万元的未分配利润，这 200 万元不能像法人股东一样全部转为实收资本。因为个人取得的利息、股息、红利所得应当缴纳个人所得税，也就是说属于张董的 200 万元未分配利润想要转增资本，需要先将其中的 20% 用于缴纳个人所得税，剩余的 80% 才可以转增资本。如果张董同意将 200 万元全部转增资本，那么张董需要另外再拿出 40（200×20%）万元交税。

所以未分配利润、盈余公积、资本公积都可以在符合法律法规的条件下，转增资本。增资不需要股东再出钱，但需要注意增资过程中涉及的分红涉税问题。

3.7　资产负债表——反映企业一个时点的财务状况

资产负债表是反映企业在某一特定日期全部资产、负债和所有者权益情况的财务报表，它表明权益在某一特定日期所拥有或控制的经济资源、所承担的现有义务和所有者对净资产的要求权，它是一张揭示企业在一定时点财务状况的静态财务报表。

3.7.1　为什么会计会为一分钱加班熬夜

猴群的一只大猴子捡到一块表，这块表可以提醒猴群什么时候吃饭、什么时候睡觉，从此猴群有了时间规则。表被猴群奉为宝物，大猴子受到猴群的爱戴和尊重并被推崇为猴王。然而有一天，另一只猴子也捡到一块表，那宝物多了一个，应该是件好事吧？然而两块表的时间并不一样。于是猴群炸了锅，不知道哪个时间才是对的，哪个时间是错的。猴王被推翻了，猴群开会决定，只有找到手表时间正确的猴子才能当真正的猴王。

掌握了正确的时间，才会做出有价值的决定；企业家要想做出正确的决策，必须要有正确的时间。也许我们不能衡量两块表哪块的时间是正确的，但是当两块表的时间一致时，我们就会认为其显示的时间是可以信赖的。

当我们利用资产负债表来做决策时，并不知道是否使用了一张记载着错误信息的财务报表。如何证明资产的数据是正确的，如果通过"另一块表"得到的结果和资产的数据相同，我们就会认为这时的资产是可以信赖的。

<u>企业资产的来源有两种渠道：一种是通过股东投资，通过不断的经营运转产生利益，形成新的资产；另一种是通过各种债权人给予的资金和货物形成的。</u>正因为有了这个逻辑关系，就形成了一套会计通用的公式：资产 = 负债 + 所有者权益。

通过这套公式，资产负债表才得以设计出来。它的左边就是所有资产的相加合计，体现企业的权利；它的右边就是负债和所有者权益，体现企业的义务，权利和义务是对等的。资产负债表如表 3-10 所示。

表 3-10 资产负债表

资产	行次	期末余额	年初余额	负债和所有者权益（或股东权益）	行次	期末余额	年初余额
流动资产：				流动负债：			
货币资金	1			短期借款	31		
应收票据	3			应付票据	32		
应收账款	4			应付账款	33		
预付款项	5			预收账款	34		
应收股利	6			应付职工薪酬	35		
应收利息	7			应交税费	36		
其他应收款	8			应付利息	37		
存货	9			其他应付款	39		
其中：原材料	10			流动负债合计	41		
在产品	11			非流动负债：			
库存商品	12			长期借款	42		

续表

资产	行次	期末余额	年初余额	负债和所有者权益（或股东权益）	行次	期末余额	年初余额
流动资产合计	15			长期应付款	43		
非流动资产：				递延收益	44		
长期股权投资	17			非流动负债合计	46		
固定资产原价	18			负债合计	47		
减：累计折旧	19			所有者权益（或股东权益）：			
固定资产账面价值	20			实收资本（或股本）	48		
在建工程	21			资本公积	49		
无形资产	25			盈余公积	50		
长期待摊费用	27			未分配利润	51		
非流动产合计	29			所有者权益（或股东权益）合计	52		
资产总计	30			负债和所有者权益（或股东权益）总计	53		

注：对于不常用的财务报表项目，本书不做解释，行次不连续的部分，为删除的不常用财务报表项目。如果财务报表日是2018年10月31日，那么年初余额是指2018年1月1日的数据。

现在大家知道为什么会计会为一分钱加班熬夜了吗？因为若资产＝负债＋所有者权益的恒等关系被破坏了，这不是一分钱的问题，而是一定出现错误了。也许是资产错了10 000元，负债错了10 001元；也许资产错的是10 000万元，负债错的是10 001万元。

会计经常说的"财务报表不平"，其就是指这种恒等关系被破坏了。找错误是件困难的事情，要从几千条、几万条记录里查错，而且会计核算的任何一个环节或任何一个财务人员出错，都有可能导致财务报表不平。

3.7.2 面对随时变动的资产负债，如何理解财务报表

资产负债表是依据资产、负债和所有者权益的关系编制的。企业的资产和负债，每天都在发生着变化。

2018年2月1日，赵末经理用9万元的银行存款买了原材料铁。那么在这一天，存货就增加了9万元，而与此同时，货币资金就少了9万元。而在2018年1月31日，赵末经理还没有买铁，那么此时买铁的9万元就应该体现在资产负债表货币资金的期末余额上，存货则没有这9万元的数据。企业无时无刻不在发生着各种资产和负债的变化。

就像一个人手持一台照相机，他对着企业的资产和负债"咔嚓"一下拍摄下来的瞬间，就是资产负债表日的企业财务状况，所以资产负债表就是一张企业静态的财务报表，表现的是某一个时点企业的财务状况。

既然企业的资产、负债，每天都要发生变化，如果我们想要了解一个企业的财务状况，是不是需要每天都编制一张资产负债表呢？若真是这样，那会计编制财务报表的工作将异常烦琐和复杂。

这里我们就需要了解会计编制财务报表的一个基本前提——会计分期。

为了让所有企业的财务报表具有可比性，国家有一定的规则来统一财务报表的编制和撰写。同样在编写财务报表的时间上也有相关规定。结账日在每个公历年度和月度的最后一天，除非特殊情况，否则任何企业都不能提前或者延后结账。也就是说，企业只需要以结账日这一天的数据来编制财务报表。

案例

菜刀公司资产负债表解析

菜刀公司资产负债表解析如表3-11所示。

表 3-11　菜刀公司资产负债表解析

编制单位：菜刀公司　　　　　　　　　2021 年 12 月 31 日　　　　　　　　单位：万元

资产	期末余额	年初余额	项目注释
流动资产：			
货币资金	222	90	期末公司有 5 万元现金、8 个银行账户共计 217 万元的存款，合计金额 222 万元。而年初 1 月 1 日时，只有 3 万元现金和 87 万元的银行存款。也就是在整个年度中，货币资金由 90 万增长到了 222 万元，增长 132 万元
应收账款	120	54	公司在正常经营销售菜刀的过程中应该向购买方收取的款项，当年净增加了 66 万元的应收账款
预付款项	70	12	公司购买生产必需的原材料时，应对方要求预付的货款。在年初预付的款项只有 12 万元，本期增加了 58 万元
其他应收款	95	45	期末余额为 95 万元，主要包括核算员工出差向公司预支的备用金 5 万元、公司员工向公司借款 20 万元、公司意外造成财产损失应由保险公司支付但未支付的赔偿款 10 万元以及公司租入包装物的押金和招投标等押金 60 万元
存货	313	236	期末余额为 313 万元，包括木头和铁等原材料 110 万元、尚未发货的成品菜刀 100 万元，以及处在生产过程中的在产品 103 万元
流动资产合计	820	437	指表中货币资金、应收账款、预付款项、其他应收款以及存货的合计数
非流动资产：			
长期股权投资	0	0	本数据为 0，说明本年度菜刀公司仍然没有通过投资取得其他单位的股份，并准备长期持有

续表

资产	期末余额	年初余额	项目注释
固定资产原价	1 155	1 128	公司购买的固定资产价值 1 155 万元，主要包括房产 800 万元、设备 120 万元、2 辆货车价值合计 70 万元，以及打印机、计算机等办公设备合计 165 万元
减：累计折旧	262	196	菜刀公司在使用固定资产时，其磨损折旧的金额，本年度折旧金额增加了 66 万元
固定资产账面价值	893	932	本年度购买的固定资产原价 1 155 万元减去累计折旧 262 万元后的余额为 893 万元
无形资产	190	200	此项目是指菜刀公司购买的土地使用权，其变动数表明土地使用权在本年度共摊销了 10 万元
非流动资产合计	1 083	1 132	长期股权投资、固定资产、无形资产等的合计数
资产总计	1 903	1 569	流动资产与非流动资产的合计金额
流动负债：			
短期借款	120	69	公司净新增 51 万元银行借款，都属于一年内需要偿还的，主要用于补充流动资金
应付账款	171	151	公司日常经营过程中购买铁及木头等应支付但尚未支付给供货商的货款，截止到年末，还有 171 万元的款项尚未支付，本年度新增加 20 万元的应付账款
预收账款	0	0	菜刀公司并未涉及此项目，其用于核算公司销售货物预收对方的货款
应付职工薪酬	18	9	期末 18 万元是公司应该支付给员工 12 月的工资和奖金
应交税费	9	5	核算公司应交但未交的税费。期末余额为 9 万元，其中主要包括应交增值税 5 万元、城市维护建设税等其他税费合计金额 0.5 万元，以及企业所得税等 3.5 万元
其他应付款	69	19	核算与日常经营销售菜刀没有直接关系的应付款项，年末余额为 69 万元，主要包括欠付的水电费 20 万元、租入的厂房租金 40 万元，剩余的 9 万元为支付的保证金

续表

资产	期末余额	年初余额	项目注释
流动负债合计	387	253	短期借款、应付账款、预收账款、应付职工薪酬、应交税费和其他应付款的合计金额
非流动负债：			
长期借款	165	90	年末余额为 165 万元，都是向银行或者其他金融机构借入的期限超过一年的借款
负债合计	552	343	流动负债与非流动负债的合计数
所有者权益（或股东权益）：			
实收资本（或股本）	200	200	股东赵末经理与方胜各投入的 100 万元，占股各 50%
资本公积	900	900	方胜投资 1 000 万元，占股 50%，其中 900 万元属于资本溢价款
盈余公积	42	19	从每年净利润中提取留存在公司中的金额，该金额可用于弥补亏损，也可以累积到一定金额后转增资本
未分配利润	209	107	是由当年形成的净利润与期初未分配利润在没有分配之前的合计数
所有者权益（或股东权益"合计"）	1 351	1 126	是实收资本、资本公积、盈余公积、未分配利润的合计数
负债和所有者权益（或股东权益）总计	1 903	1 569	分别是年初的负债、所有者权益（或股东权益）的合计数和期末的负债和所有者权益（或股东权益）的合计数

注：

（1）2021 年 12 月 31 日的菜刀公司资产负债表中的期末余额，是指 2021 年 12 月 31 日这一天的数据。表中的年初余额就是指 2021 年 1 月 1 日的数据。如果资产负债表的表头时间是年度的最后一天，说明此财务报表是菜刀公司 2021 年全年的，也被称为年报。

（2）如果资产负债表的表头时间不是年度的最后一天，而是月末最后一天，那么这张资产负债表就是月报。同理，还会有季报、半年报。无论是年报还是月报、季报、半年报，表中年初余额都是指当年 1 月 1 日的数据。

第 4 章　现金——企业生存的血液

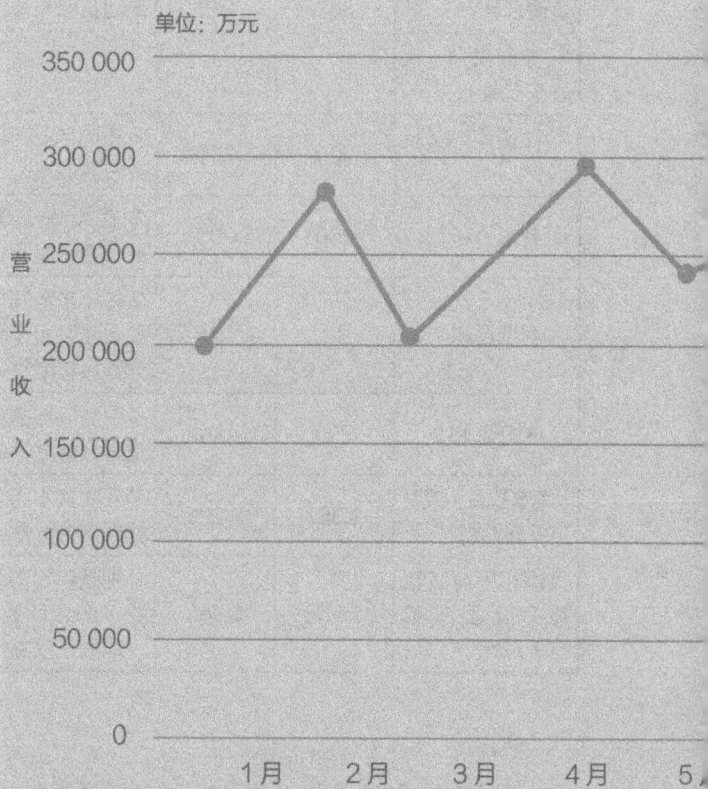

单位：万元

350 000

300 000

250 000

营
业
收
入　200 000

150 000

100 000

50 000

0

1月　　2月　　3月　　4月　　5月

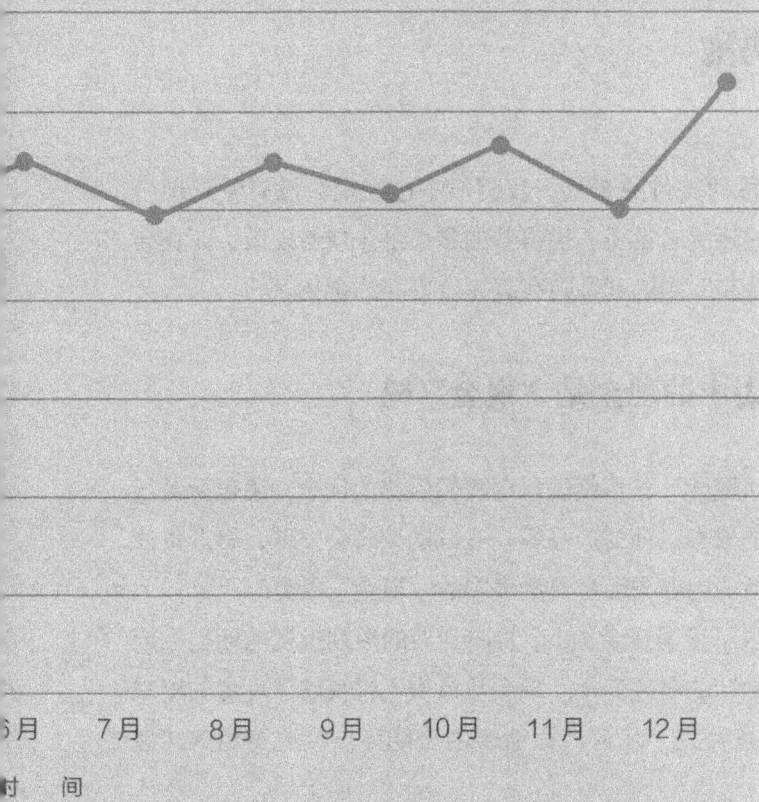

6月　　7月　　8月　　9月　　10月　　11月　　12月

时　间

4.1 什么叫现金

随着电子支付、移动支付的普及，我们似乎已经很久没有看到现金了。现金，于人们来说还是看得见、摸得着的货币纸张或者硬币，而在会计学领域的"现金流量表"中的现金则有着完全不同的含义。

4.1.1 现金流量表中的现金是"现金"吗

现金流量表中的"现金"，不仅仅包含我们俗称的现金，还包括银行存款和3个月内到期的债券、理财产品等。心细的读者会发现，资产负债表中的货币资金所包括的内容与现金流量表中的"现金"很类似。

资产负债表中记录了货币资金、3个月内到期的短期投资的期初和期末金额，反映了"现金"的增减变化。现金流量表不仅反映了现金的增减变化情况，最关键的是补充了在资产负债表中没能详细描述清晰的"现金"的来源和去向。

现金流量表中把现金的来源和去向分成三个部分，分别是经营活动产生的现金流量、投资活动产生的现金流量和筹资活动产生的现金流量。

4.1.2 顶账业务让营业成本增加几百万元

厨具公司签订了 150 万元的装修合同，由于资金紧张，仅支付了 50 万元现金，而余款 100 万元用价值 100 万元的厨具进行了抵顶。那么在这项业务中，双方都付出了劳动成果，但是其中的 100 万元是"以物换物"的交易，厨具公司直接用厨具换取装修公司提供的装修劳务，双方均未涉及现金。

这 100 万元的厨具虽然没有收回现金，但涉及的业务仍然属于销售行为，在利润表中，会形成营业收入。同时换取的装修劳务，也最终属于固定资产的范畴。但因为现金没有作为中间流转的媒介，在现金流量表中就不会体现出这笔业务。

没有现金的一收一付，无非就是两步并做一步走，两笔业务并做了一笔业务，有啥区别吗？区别很大。

顶账业务看起来是一种等价交换，并且不涉及资金的流转，减少了双方的交易手续，但事实并非如此。

正健房地产公司开发新楼盘，聘请春天建筑公司开发，双方约定每年按照工程进度结算工程款，年末春天建筑公司老板王玮按照合同约定，去找正健房地产公司的总经理于健结算工程款。

王玮：于总，房子都封顶了，是不是应结算这个阶段的工程款了。

于健：那得先让工程部核对一下工程进度。

王玮：都核对过了，按合同，加上以前的欠款，您这边欠了 8 000 万元。

于健：王总，最近的房产市场的行情不好，房价不敢降，做了几次活动，还是卖不出去房子，我俩得一起挺过这段时间。

王玮：我这里可以协商，但是农民工的钱不能欠啊，这是硬指标，快过年了，工人们就等着这钱回家过个好年呢！

于健：房子已经封顶了，还有几百套房子没卖，我只能拿房子给你，真没有钱。

王玮：房子顶给我，我还得再往外卖才能变现，我给农民工顶房子，人家也不要，我这边都得给现金。

于健：我按市场价打 9 折把房子抵给你，可以吧？

王玮：于总，您太会算账了，您让房产中介卖房，都不止给他们 15% 的中介费吧？给我打 9 折，这价格太高了。

于健：房地产市场过完年行情就能好起来，价格涨了你还给我差价吗？再说房地产行业贷款不容易，你的建筑公司贷款很容易的。

王玮：顶一半吧房子，其余的能不能给现金？

于健：真的没有钱，实在不行就等明年我卖了房再说。

实践中，很多小型房地产公司的资金不足，类似案例中建筑公司被顶账的现象是非常普遍的。由于建筑公司对外支付的大多是农民工工资，建筑公司必定有变现的压力。

虽然看起来顶账业务是等价交换，但大多数情况，都是因为一方资金不足，而采取的易物行为。若另一方对物的需求较小，则这种交易就不再是等价易物行为，往往被市场地位更高的一方夸大或者缩小，处于弱势的一方营业成本往往会增加很多。

案例中的春天建筑公司为了让房子在短期内快速变现，通过找销售公司以低于市场的价格和高额的佣金卖掉一部分房产来缓解资金压力，此次交易中该公司亏了 300 万元。

所以"现金为王"就成了很多企业家经营的座右铭。没有现金，不是不能做生意，但是成本控制、价格优势和周转速度都会大打折扣。

4.1.3　利润这么高，却总是没钱花

"利润这么高，却总是没钱花"，"感觉这公司挺赚钱的，怎么每次要点儿钱都这么难？"钱都去哪儿了？我们经常会听到这样的感慨，也带着一些疑惑，难道公司有人在舞弊？这里的一个误区就在于"利润"与"现金"未必成等比例增长。也就是说，有利润真的未必就有钱。

随着厨具公司的发展，销售规模也逐渐扩大，将至年关，该公司与某大型商场签订销售合同，向其销售价值 1 000 万元的厨具。赵末经理算了

一笔账，商场给的单价虽然略低于其他订单，但是商场的量大，还是有一定利润的。而且接近年关，也得依靠这笔订单来保证当年利润的增长。赵末经理为了创利，同意了商场赊销的要求，迅速把厨具全部运到商场仓库。等商场卖掉货后，厨具公司再定期与其结算款项。

那么针对这一笔1 000万元的厨具销售业务，厨具公司显然没有拿到一分钱。但是产品交付给了商场，销售行为确实已经完成，自然也就产生了利润。

谈到这里，我们就必须搞明白计算利润的"权责发生制"，以及与现金流量表相关的"收付实现制"有何差异。

权责发生制，就是只要卖了货，不管钱给没给，都算作形成营业收入，都要记账；只要买了商品，不管付没付款，也都要记账。

举个例子，把房子对外出租，每月收取1 000元租金，可是租户就是不给钱，住了三个月。这个时候，按权责发生制，不管租户给不给钱，都形成了3 000元的收入，都要交税，还要垫付水电费。

利润表就是根据权责发生制进行编制的，所以从利润表的角度上看，确实获利了。只要没有明确的证据表明租金收不回，那就是有利润的，但确实没收到钱。

收付实现制，就是钱收回来了就做账，没收回钱就不做账，一切以现金流动为标准。

在上述租房的例子中，房子租了，但没收回钱，不记录其他业务收入；垫付了水电费，花了钱，记录支出。所以三个月过去了，只有支出，没有收入，所以利润是负的。当然没收回的钱也不会计入应收账款。

现金流量表以收付实现制为标准进行编制，所以从现金流量表的角度来看，没收回钱，就不做记录。

那么哪种方式更真实呢？哪种方式更有价值？钱只有收回来才是真的收入。但是如果只有现金流量表，那么这笔应收账款就没办法记录。因此若要全面反映企业的资产状况，就必须按权责发生制的要求，把应收账款登记到资产中，只要收回来，就减少应收账款，增加现金。

所以两种核算方式都是真实的，资产负债表与利润表依据权责发生制编制，现金流量表依据收付实现制编制。两种核算方式相互补充，更加全面地反映了企业的业务。

4.1.4　破产了，高利润的 EFG 公司做错了什么

利润是企业发展非常重要的指标，但有时也会遇到一些长亏不倒的企业，而有些企业看起来是高利润企业，却也出现到期无法清偿债务的情况，这又是怎么一回事呢？

有些行业在多数人眼中，就是高利润的代名词，比如房地产行业。但是从 2015 年以后，房地产企业破产倒闭的新闻屡见不鲜，大家不禁怀疑这样的高利润企业怎么会破产呢？

EFG 房地产开发有限公司（以下简称"EFG 公司"）是一家从事房地产开发与销售的公司，成立于 2006 年，属于当地的一个老开发商。EFG 公司开发了近十个普通住宅楼盘项目，在当地普通住宅就是刚需，往往刚开盘预售，就销售一空。

2018 年 EFG 公司选中了一个商业综合体项目。这个项目的预计利润比普通住宅高出三倍，但与普通住宅不同的是，商业综合体项目的重心是招商，而招商的难度超乎 EFG 公司董事长于长海的想象。很多招来的商家不但不会提前交款，有些商家还要公司倒贴装修费。为了引入一个超级零售超市，EFG 公司不但要答应十年租期，而且还要免掉前两年的房租，此外还要承诺商场周围按超市要求打造舞台和折扣区，商场内的设备也需要按超市要求配备。

由于超市的引客能力很强，EFG 公司只能答应超市要求。同时，EFG 公司提高售价，单位面积的利润进一步提高。但是超市占有 15 000 平方米的面积是不能变现的，很快就造成 EFG 公司资金周转不开，之前的资金也全部沉淀在房产上。由于售价过高，商家大多只租不买，资金无法支付工程进度款项。

以往销售普通住宅时，一旦出现资金周转困难，EFG 公司就会用一部分普通住宅抵顶给建筑公司来调整。但是建筑公司以商业用房无法周转等

理由，不肯顶账。为防止建筑公司停工，EFG 公司在无法从银行取得贷款的情况下开始筹借民间借贷。从来没有在资金流上苦恼过的 EFG 公司如今成了举债大户，而且贷款利率都较高。

2020 年 11 月，EFG 公司被建筑公司起诉，并被申请破产。EFG 公司被申请破产时点的利润情况和资产负债表的关键数据详见表 4-1、表 4-2。

表 4-1　EFG 公司 2017 年至 2020 年的利润关键数据

编制单位：EFG 公司　　　　　　　　　　　　　　　　　　单位：万元

项目	2017 年	2018 年	2019 年	2020 年
营业收入	10 891	4 230	588	14 279
营业成本	8 778	3 694	426	9 037
利润总额	1 405	438	54	5 242
净利润	1 358	421	51	4 302

表 4-2　EFG 公司 2020 年 10 月 30 日的资产负债表关键数据

编制单位：EFG 公司　　　　　2020 年 10 月 30 日　　　　　单位：万元

资产	账面价值	负债和所有者权益 （或股东权益）	调整后
流动资产：		**流动负债：**	
货币资金	3 431	短期借款	45 482
应收票据		应付票据	4 200
应收账款	4 916	应付账款	11 183
预付账款		预收账款	1 764
其他应收款	24 068	应付职工薪酬	94
存货	73 623	应交税费	7 630
其他流动资产		其他应付款	22 781
流动资产合计	106 038	**流动负债合计**	93 134
非流动资产：		**非流动负债：**	
长期应收款		长期应付款	230

续表

资产	账面价值	负债和所有者权益（或股东权益）	调整后
长期股权投资	4 500	专项应付款	132
固定资产原价	634	递延收益	
减：累计折旧	253	**非流动负债合计**	362
固定资产账面价值	381	**负债合计**	93 496
油气资产		**所有者权益（或股东权益）：**	
无形资产	33	实收资本（或股本）	12 000
开发支出		资本公积	2 284
递延所得税资产		盈余公积	1 201
其他非流动资产		未分配利润	1 971
非流动资产合计	4 914	**所有者权益（或股东权益）合计**	17 456
资产总计	110 952	**负债和所有者权益总计**	110 952

　　EFG 公司的利润情况一直不错，说明销售的房产均有可观利润。从资产、负债的情况来看，这个公司也没有出现资不抵债的情况。为何建筑公司要申请其破产呢？仔细分析一下 EFG 公司的资产、负债情况就不难发现，EFG 公司资金流断裂，导致其难以持续经营。

　　（1）EFG 公司 3 431 万元的货币资金中有 3 100 万元被银行冻结，属于以前销售普通住宅按揭担保的保证金，要想使用这些钱，需要采用按揭贷款的购房者办理完房产证后，解除房地产担保责任。

　　（2）应收账款核算的主要是以前近十个普通住宅楼盘购房者的面积差价，涉及近千户购房者，平均每户也不过万元左右。收回这些面积差价款的时间，主要取决于购房者何时前来办理房产证。如果安排专人主动收取面积差价款，不但比较难收回，而且回收成本非常高，所以这些应收账款很难快速变现。

　　（3）其他应收款中除了股东的抽逃出资外，主要是借贷的利息，是一项财务费用的支出，因此属于挂账的虚假资产，无法变现用于偿还债务。

（4）存货73 623万元，是该公司的开发成本，也就是现在的"半拉子"工程。绿化、消防等尚未完工，无法办理综合验收手续，导致房产无法交付使用。若要使房产达到交付状态，还需要投入近1亿元资金，而且办理综合验收手续还要再向政府缴纳相关的配套费约几千万元。

一旦房产建设停滞，销售就像连锁反应，商户也会纷纷索回预付的定金款，造成资金压力的进一步增大。

（5）通过长期股权投资的子公司都是空壳公司。为了给EFG公司做担保，或者签订一些虚假的销售合同骗取借贷公司的信任，EFG公司建立了很多空壳公司为自己进行担保，其实这4 500万元早就被EFG公司的董事长挥霍一空。

（6）EFG公司的股东王总夫妻二人的全部个人家当，也都用于贷款时的抵押和担保。

看起来一份漂亮的资产负债表背后，掩盖了完全周转不动的烂尾工程。EFG公司终究在多次催债无果的情况下，被建筑公司申请破产。破产的前提是不能到期偿还债务，而非资不抵债。

如果我们把企业比作一个人，那么"现金"就好比企业的血液。因为"血液"的流转，让资金流变成物流，通过物流重新回归资金流的时候产生利润。"现金"的快速流转和充足对企业的成长起着决定性的作用。有了足够的资金就意味着赚钱的渠道更多，用钱赚钱的手段也更多，形成利润也更容易。

房地产开发是高利润的企业，但如此高利润的企业也会因为现金流断裂而破产，因此不论企业的利润有多高，没了现金流也难以快速发展。

4.2 现金流量表——反映企业的持续生存能力

财务报表由资产负债表、利润表与现金流量表三个核心主表组成。资产负债表与利润表的编制以权责发生制为标准，而现金流量表则以收付实现制为标准编制。现金流量表中的现金更被企业家称为"血液"，"造血"能力是否强劲，更能反映出企业是否具备持续的生存能力。现金流量表如表4-3所示。

表4-3 现金流量表

编制单位：　　　　　　　　　　年　月　日　　　　　　　　单位：万元

项目	行次	本年累计金额	本月金额
一、经营活动产生的现金流量：			
销售商品、提供劳务收到的现金	1		
收到其他与经营活动有关的现金	2		
购买商品、接受劳务支付的现金	3		
支付给职工以及为职工支付的现金	4		
支付的各项税费	5		
支付其他与经营活动有关的现金	6		
经营活动产生的现金流量净额	7		
二、投资活动产生的现金流量：			
收回投资收到的现金	8		
取得投资收益收到的现金	9		
处置固定资产、无形资产和其他长期资产收回的现金净额	10		
短期投资、长期债券投资和长期股权投资支付的现金	11		

续表

项目	行次	本年累计金额	本月金额
购建固定资产、无形资产和其他长期资产支付的现金	12		
投资活动产生的现金流量净额	13		
三、筹资活动产生的现金流量：			
吸收投资收到的现金	14		
取得借款收到的现金	15		
偿还借款本金支付的现金	16		
偿还借款利息支付的现金	17		
分配股利、利润或偿付利息支付的现金	18		
筹资活动产生的现金流量净额	19		
四、现金净增加额	20		
加：期初现金余额	21		
五、期末现金余额	22		

4.2.1　哪些现金流入和流出是企业真正的价值体现

企业现金流量主要由经营活动、投资活动和筹资活动产生，但最主要还是由各种经营活动产生，这是一个证明企业有"造血"能力的指标，可以说是企业发展的命脉。

比如菜刀公司以 13 万元的价格卖给商家一批菜刀，但只收到其中的 8 万元，那这 8 万元就是销售商品、提供劳务收到的现金。销售商品、提供劳务收到的现金具体包括当期销售商品、提供劳务收到的现金，以及前期销售商品、提供劳务本期收到的现金和本期预收的款项，减去本期销售本期退回的商品和前期销售本期退回的商品支付的现金。企业销售材料和代购代销业务收到的现金，也在其中核算。菜刀公司销售过程中没收到的 5 万元，虽然在利润表中体现，但在现金流量表中并不体现。

菜刀公司收到销售人员小张交回的备用金 2 000 元，并非企业主营业务产生的，但也会增加企业的现金流入，因此这 2 000 元就是其他与经营活动有关的现金流入。如果菜刀公司还发生了罚款收入、政府补助收入等也都会统计在此项目中。

菜刀公司生产菜刀当期购买了价值 11 万元的材料，但实际支付的金额只有 10 万元。那么这 10 万元就是购买商品、接受劳务支付的现金。

支付给职工以及为职工支付的现金不但包括用现金支付给职工的工资、奖金，还包括各种津贴、补贴和福利等，以及为职工支付的其他费用。

支付的各项税费，包括企业实际缴纳的增值税、所得税、城市维护建设税等各种税费，但这里要注意，对于一般纳税人来讲，随货物价值一起支付的增值税进项税不包括在该项目中。

我们用经营活动现金流入减去经营活动现金流出后得到的现金流量净额，来反映一家企业通过经营活动获取现金的能力。

4.2.2 投资活动产生的现金流入和流出包括什么

投资活动产生的现金流入和流出，是指企业长期资产的购建和不包括在现金等价物内投资及其处置活动所产生的收益。

2019 年菜刀公司通过创新成功升级为年营业收入达 5 000 万元的厨具公司，并向银行贷款 3 000 万元，当年花了 1 000 万元购买了工业园区的一栋厂房和办公楼。厨具公司签订 150 万元的装修合同，由于资金紧张，用价值 100 万元的厨具抵顶了厂房及办公楼的装修款 100 万元，仅支付了 50 万元现金。

厨具公司将部分闲置的办公楼出租给某设计公司，合同约定出租期限为 3 年，一次性收取租金 18 万元。

同年，厨具公司拿出 60 万元资金，收购配套厂家手绘公司 60% 的股权。

菜刀公司收购手绘公司 60% 的股权，并支付了 60 万元，是一种投资其他企业的行为。菜刀公司升级为厨具公司后，又花了 1 000 万元购买了工业园区的一栋厂房和办公楼，是一种购置长期资产的行为。这两种行为都会导致公司现金减少，这就是现金流出，并且是投资活动产生的现金流出。如果这些长期投资被出售产生了现金流入，那么这种现金流入就被称为投资活动产生的现金流入。

厨具公司签订 150 万元的装修合同，由于资金紧张，仅支付了 50 万元现金。而为使房产达到可使用状态，花钱进行装修也属于投资活动。但由于厨具公司实际仅支付 50 万元，所以只有这 50 万元属于与投资活动有关的现金流出。

投资活动产生的现金流入及流出主要包括以下几项。

（1）投资所产生的现金流入：对短期投资、长期股权投资、长期债权投资等的现金投资及本金的收回。

（2）取得投资收益所收到的现金：企业因股权性或债权性投资以及从子公司等分回利润收到的现金。

（3）处置固定资产、无形资产和其他长期资产所收到的现金净额：反映企业处置固定资产、无形资产和其他长期资产收回的现金，扣除所发生的现金支出后的净额。

（4）收到的其他与投资活动有关的现金：反映企业除了上述各项目外，与投资活动有关的其他现金流入。

投资活动产生的现金流出就是购买固定资产、无形资产和其他长期资产所花费的现金，以及进行权益性或债权性投资所支付的现金、支付的其他与投资有关的现金。

4.2.3　通过筹资活动获得的现金流入是企业现金流的重要补充

筹资活动产生的现金流，是企业利用他人的资金产生的利益，主要指接受投资者（股东）投入的资金，债权人借入和归还债权人的资金，以及股息和利息等。

赵末经理成立了菜刀公司时出资 100 万元，2020 年新股东方胜又增资 1 000 万元，当年两位股东共获得 80 万元分红。

2020 年菜刀公司通过创新成功升级为年营业收入达 5 000 万元的厨具公司，并向银行贷款 3 000 万元，当年花了 1 000 万元购买了工业园区的一栋厂房和办公楼。

案例中，菜刀公司收到赵末经理投资的 100 万元以及新股东加入投资的 1 000 万元，都是为了公司成立及发展而增加的资金。投资款增加了企业现金，是一项典型的筹资活动现金流入；菜刀公司发展成为厨具公司后，为购买厂房和办公楼向银行贷款 3 000 万元，这就是向债权人银行获得筹资的行为，这部分款项是筹资活动产生的现金流入。

分派的股利 80 万元是该公司从股东处筹得资金而支付的报酬，因此属于筹资活动产生的现金流出。

筹资活动与经营活动和投资活动一样，也有现金的流入和流出。案例中，筹集的资金用来维持企业的经营发展，是一项通过取得借款获得的现金流入，给企业注入新的资金流。取得借款收到的现金是筹资活动产生的现金流入的形式之一。此外吸收投资收到的现金，例如发行股票或债券实际收到的现金，以及接受政府等的捐赠取得的现金都属于筹资活动产生的现金流入。

借钱虽然解决了企业暂时的困难，但企业也需要为借的钱付出代价，即要支付利息。接受投资者投入的资金，那就需要给投资者分红、分股利等，为偿还借款本金、利息支付的现金构成了筹资活动的现金流出。

现金是企业的血液，是企业设立、生存和发展的物质基础，是企业开展生产经营活动的基本前提。筹资活动产生的现金流能够为企业生产经营活动的正常开展提供财务保障，决定着企业资金运动的规模和生产经营发展的程度。

案例

菜刀公司现金流量表解析

菜刀公司现金流量表解析如表 4-4 所示。

表 4-4　菜刀公司现金流量表解析

编制单位：菜刀公司　　　　　　　　2021 年度　　　　　　　　单位：万元

项目	行次	金额	注释
一、经营活动产生的现金流量：			
销售商品、提供劳务收到的现金	1	2 680	公司本年度销售商品、提供劳务收到的现金为 2 626 万元，另外收回以前货款 54 万的商品收到的货币资金，因此该项目的金额为 2 680 万元
收到其他与经营活动有关的现金	2	95	核算除了销售商品外，与销售菜刀有关的其他业务所收到的现金，如销售菜刀所收取的包装物的押金等
购买商品、接受劳务支付的现金	3	2 064	此金额是菜刀公司购买生产菜刀所需要的原材料铁和木头所支付的包括增值税的费用
支付给职工以及为职工支付的现金	4	125	核算的是支付给职工的工资及奖金、福利等，欠付的并不在此项目中归集
支付的各项税费	5	80	本年度公司以货币资金支付的增值税、企业所得税以及城市维护建设税等各类税金合计数
支付其他与经营活动有关的现金	6	363	本年度与销售菜刀有关的但会导致现金流出的其他与经营活动相关的业务，如出差的备用金等
经营活动产生的现金流量净额	7	143	经营活动产生的现金流入合计金额与经营活动产生的现金流出合计金额两者之间的差额

续表

项目	行次	金额	注释
二、投资活动产生的现金流量：			
收回投资收到的现金	8	0	此项目金额为 0，说明本年度公司未发生与投资相关的现金流入。如果需要确定是否产生投资收益或者收回投资，可再查看利润表和资产负债表的相关财务报表项目
取得投资收益收到的现金	9	0	本年度公司没有取得与投资收益有关的现金流入
处置固定资产、无形资产和其他长期资产收回的现金净额	10	0	本年度公司并未处置资产或处置资产但未收到现金
短期投资、长期债券投资和长期股权投资支付的现金	11	0	
购建固定资产、无形资产和其他长期资产支付的现金	12	27	此金额是本年度菜刀公司用货币资金购买固定资产所支付的费用
投资活动产生的现金流量净额	13	-27	投资活动产生的现金流入与流出金额两者之间的差额
三、筹资活动产生的现金流量：			
吸收投资收到的现金	14	0	
取得借款收到的现金	15	195	此项目核算的是菜刀公司本年度发生的长短期借款现金流入金额的合计数
偿还借款本金支付的现金	16	69	此金额是菜刀公司本年度偿还借款本金所发生的现金流出金额
偿还借款利息支付的现金	17	30	核算的是菜刀公司偿还借款所付出的利息的现金流出数

续表

项目	行次	金额	注释
分配股利、利润或偿付利息支付的现金	18	80	核算的是菜刀公司本年度给予股东的分红导致的现金流出金额
筹资活动产生的现金流量净额	19	16	筹资活动产生的现金流入与流出两者之间的差额
四、现金净增加额	20	132	菜刀公司经营活动、投资活动和筹资活动现金流量净额的合计数。而这个数据也正好是资产负债表中货币资金期末减去期初的金额
加：期初现金余额	21	90	资产负债表中货币资金的期初数
五、期末现金余额	22	222	资产负债表中货币资金的期末数，而这个数据等于 20 行的数据加 21 行的数据。这样就说明现金流量表与资产负债表具备了关联关系

第 5 章　手把手带你读财务报表

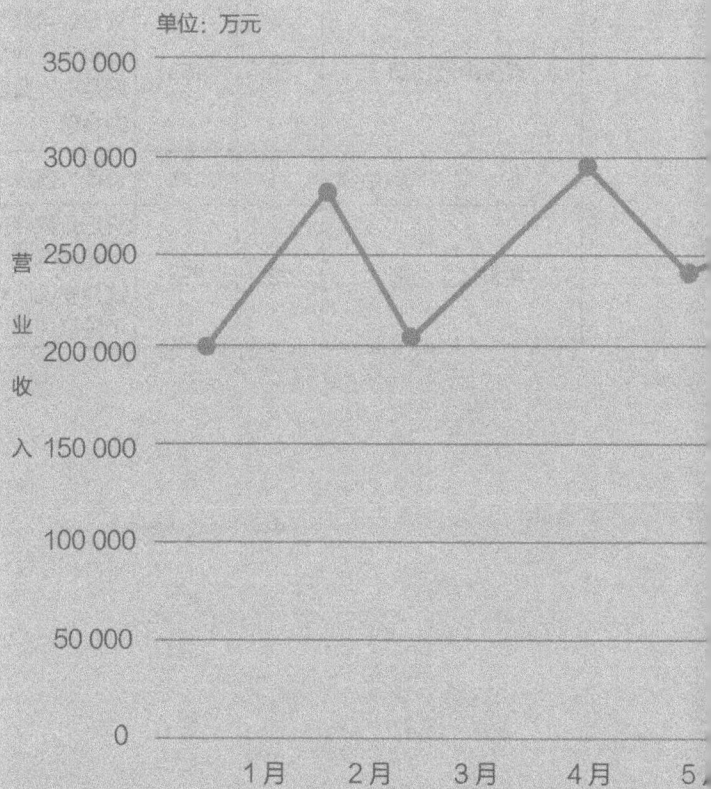

单位：万元

营业收入

350 000	
300 000	
250 000	
200 000	
150 000	
100 000	
50 000	
0	

1月　2月　3月　4月　5月

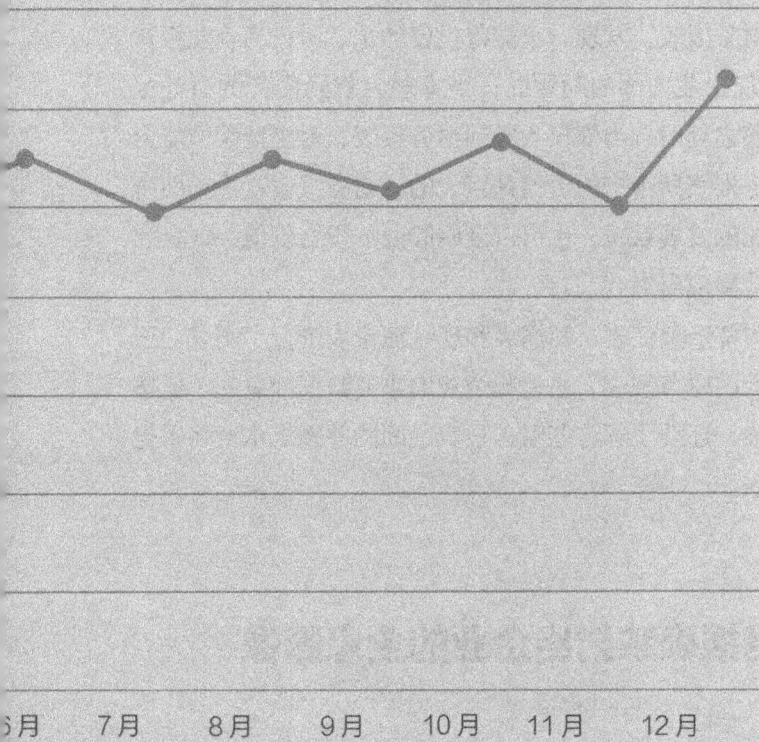

	6月	7月	8月	9月	10月	11月	12月

时　间

当投资者在查看财务报表，发现一家值得投资的企业时；当企业经营者查看财务报表，发现企业内部的问题时；当管理者看到同行的财务报表，发现同行的可借鉴之处时；当债权人看到财务报表，对企业偿债能力的信心增强时……财务报表所带来的价值是巨大的。财务报表就像一面镜子，它既可以反映企业的发展状况，也可以证明股票的投资价值，把企业的经营状况淋漓尽致地展现出来。

本书前几章分别对资产负债表、利润表和现金流量表进行了阐述。三张财务报表构成了企业的财务报表，搭建起企业的重要数据信息库。但要真正读懂这些财务报表，还要了解这些财务报表之间的关系。本章将手把手带你一起读财务报表。

5.1　三张财务报表映射出企业的全息影像

资产负债表、利润表和现金流量表从三个不同的角度分别反映企业重要的信息，就像三棱柱的三个面。把三张财务报表搭建到一起，三个面相互映射，才会形成一个立体的企业。那么三张财务报表之间是如何搭建在一起的，三者之间有着何种联系？是不是企业的每一项经济活动都会同时影响到三张财务报表？如何了解财务报表的数字背后隐藏的内容？

5.1.1　任何经济活动都无法打破财务报表的平衡

资产负债表的左边是资产，右边是资产的来源，所以资产负债表依靠"资产 = 负债 + 所有者权益"这个恒等式来保持平衡关系。资产负债表的平衡关系在"为什么会计会为一分钱加班熬夜"小节中做过具体介绍。这种平衡并非某一特定时点的平衡，而是时时都存在的"动态平衡"。因为每发生一笔经济业务，都有可能影响资产负债表中的数据，但无论数据怎么变化，资产负债表都会保持平衡。下面我们列举一些企业常见的业务，来看看资产负债表是如何时时刻刻保持平衡的。

菜刀公司花费了 1 000 万元购买了厂房和办公楼。

这是一笔购买固定资产的业务，在这笔业务中，对两项资产都产生了影响。一是固定资产增加了 1 000 万元，二是货币资金减少了 1 000 万元，而这两项资产都在资产负债表的左边，一项增加一项减少，所以资产负债表的关系依然平衡。菜刀公司资产负债表简表见表 5-1。

表 5-1　菜刀公司资产负债表简表（一）

单位：万元

资产	变动前金额	变动额	变动后金额	负债和所有者权益	期末数
货币资金	2 100	-1 000	1 100	应付账款	2 300
固定资产	10	+1 000	1 010	……	2 410
……	4 000	0	4 000	所有者权益合计	1 400
资产总计	6 110	0	6 110	负债和所有者权益总计	6 110

菜刀公司购买了 1 000 万元的厂房和办公楼，并未支付房款，而是约定付款日期在办理房产证之后一年。

这笔业务仍然是购买固定资产，固定资产增加了 1 000 万元，但是货币资金并未减少。那此时，资产负债表的平衡关系被打破了吗？当然没有，因为公司同时增加了对外的欠债，也就是应付账款增加了 1 000 万元。固定资产在资产负债表的左边，而应付账款在资产负债表的右边。左右两边同时增加了 1 000 万元，所以资产负债表的关系依然平衡。菜刀公司资产负债表简表见表 5-2。

表 5-2　菜刀公司资产负债表简表（二）

单位：万元

资产	变动前金额	变动额	变动后金额	负债和所有者权益	变动前金额	变动额	变动后金额
货币资金	2 100	0	2 100	应付账款	2 300	+1 000	3 300
固定资产	10	+1 000	1 010	……	2 410	0	2 410
……	4 000	0	4 000	所有者权益合计	1 400	0	1 400
资产总计	6 110	+1 000	7 110	负债和所有者权益总计	6 110	+1 000	7 110

菜刀公司购买了 1 000 万元的厂房和办公楼，没有付款也没有约定，而是按照合同先交纳 300 万元的定金，余款可以在办理房产证之后一年支付。

这笔业务仍然是购买固定资产，固定资产增加了 1 000 万元，货币资金减少了 300 万元。同时公司增加了对外的欠债 700 万元。固定资产和货币资金都在资产负债表的左边，一项增加 1 000 万元一项减少 300 万元，净增加了 700 万元；而应付账款在资产负债表的右边，增加了 700 万元。左右两边同时增加了 700 万元，所以资产负债表的关系依然平衡。菜刀公司资产负债表简表见表 5-3。

表 5-3　菜刀公司资产负债表简表（三）

单位：万元

资产	变动前金额	变动额	变动后金额	负债和所有者权益	变动前金额	变动额	变动后金额
货币资金	2 100	−300	1 800	应付账款	2 300	+700	3 000
固定资产	10	+1 000	1 010	……	2 410	0	2 410

续表

资产	变动前金额	变动额	变动后金额	负债和所有者权益	变动前金额	变动额	变动后金额
……	4 000	0	4 000	所有者权益合计	1 400	0	1 400
资产总计	6 110	+700	6 810	负债和所有者权益总计	6 110	+700	6 810

上述几笔业务，或者让资产负债表两边同时增加相同金额，或者同时减少相同金额，或者只有一边发生变动，增加的同时又等额减少。企业的业务也都遵循这个规律，所以资产负债表的平衡关系就始终不会被打破。

菜刀公司是赵末经理出资 100 万元成立的。

正是这 100 万元，菜刀公司得以成立，所以这是公司的第一项经济活动。此时货币资金中的银行存款增加 100 万元，同时公司收到了股东的投资款，所以所有者权益中的实收资本也增加 100 万元。菜刀公司资产负债表简表见表 5-4。

表 5-4 菜刀公司资产负债表简表（四）

单位：万元

资产	变动前金额	变动额	变动后金额	负债和所有者权益	变动前金额	变动额	变动后金额
货币资金	0	+100	100	负债合计	0	0	0
固定资产	0	0	0	实收资本	0	+100	100
……	0	0	0	……	0	0	0
资产总计	0	+100	100	负债和所有者权益总计	0	+100	100

在经营过程中，菜刀公司又吸纳了新股东方胜的投资，2020 年末两位股东共获得 80 万元分红。

分红后，资产负债表的左右两边秉着"有福同享，有难同当"的精神，资产负债表左边，货币资金减少 80 万元，导致资产总计也同时减少 80 万元。资产负债表的右边，未分配利润有 80 万元分配给了股东，所以就会导致未分配利润减少 80 万元，体现出资产和所有者权益的同时减少。菜刀公司资产负债表简表见表 5-5。

表 5-5　菜刀公司资产负债表简表（五）

单位：万元

资产	变动前金额	变动额	变动后金额	负债和所有者权益	变动前金额	变动额	变动后金额
货币资金	2 100	−80	2 020	负债合计	3 300	0	3 300
固定资产	1 010	0	1 010	……	2 410	0	2 410
……	4 000	0	4 000	未分配利润	1 400	−80	1 320
资产总计	7 110	−80	7 030	负债和所有者权益总计	7 110	−80	7 030

5.1.2　三个关键项目将三张财务报表紧密关联

上一小节举例介绍了企业的几项经济活动对资产负债表数据变动的影响，都不会打破资产负债表的平衡关系。但是大多数企业的经济活动并非只影响一张资产负债表，而是会同时影响三张财务报表。三张财务报表之间又存在怎么的纽带关系？

菜刀公司以 130 万元的价格销售一批菜刀，对方支付了 80 万元的货款，约定余下的 50 万元三个月以后支付（不考虑增值税对本业务的影响）。

菜刀公司收到 80 万元的货款，那么货币资金就增加了 80 万元。有 50 万元没有收回来，所以应收账款就增加了 50 万元。此时，我们会关注到资产负债表的左边一共增加了 130 万元。如果资产负债表的平衡关系是永远不会被打破的，那么资产负债表的右边一定也会增加 130 万元。

销售菜刀形成了 130 万元的收入，让利润表的营业收入增加了 130 万元。这就说明利润表与资产负债表是有关联的。将两张表紧密联系在一起的，正是资产负债表中的"未分配利润"项目与利润表中的"净利润"项目，在没有进行利润分配时，未分配利润与净利润始终保持着同步变化。菜刀公司利润表简表、资产负债表简表分别如表5-6、表5-7所示。

表5-6 菜刀公司利润表简表（一）

单位：万元

项目	行次	变动前金额	变动额	变动后金额
一、营业收入	1	1 200	+130	1 330
减：营业成本	2	1 000		1 000
……				
管理费用	14	50		50
……				
四、净利润（亏损以"-"号填列）	32	150	+130	280

表5-7 菜刀公司资产负债表简表（六）

单位：万元

资产	变动前金额	变动额	变动后金额	负债和所有者权益	变动前金额	变动额	变动后金额
货币资金	2 100	+80	2 180	应付账款	3 300	0	3 300
应收账款	210	+50	260	……	2 410	0	2 410
……	4 800		4 800	未分配利润	1 400	+130	1 530
资产总计	7 110	+130	7 240	负债和所有者权益总计	7 110	+130	7 240

菜刀公司以130万元的价格销售这批菜刀，材料及生产加工成本一共花费120万元。

菜刀公司将菜刀出库送往购货方，意味着仓库中的菜刀减少120万元，也就是存货减少120万元，资产负债表的左边减少了120万元，为了保持财务报表的平衡，那资产负债表的右边也应减少120万元。

菜刀销售后，形成130万元收入，使利润表中的营业收入增加130

万元。与营业收入对应，120万元存货的转出形成了120万元的营业成本。菜刀公司利润表简表如表5-8所示，营业成本增加了，从利润表中可以看出，净利润随之减少。

表5-8 菜刀公司利润表简表（二）

单位：万元

项目	行次	变动前金额	变动额	变动后金额
一、营业收入	1	1 330		1 330
减：营业成本	2	1 000	120	1 120
......				
管理费用	3	50		50
......				
四、净利润（亏损以"–"号填列）	32	280	120	160

净利润是连接资产负债表与利润表的桥梁，而净利润又与未分配利润紧密相连，当净利润减少120万元时，意味着未分配利润也减少120万元。

菜刀公司资产负债表简表如表5-9所示。

表5-9 菜刀公司资产负债表简表（七）

单位：万元

资产	变动前金额	变动额	变动后金额	负债和所有者权益	变动前金额	变动额	变动后金额
货币资金	2 180		2 180	应付账款	3 300	0	3 300
存货	480	–120	360	......	2 410	0	2 410
......	4 580		4 580	未分配利润	1 530	–120	1 410
资产总计	7 240	–120	7 120	负债和所有者权益总计	7 240	–120	7 120

这时心细的读者会发现，无论是在菜刀公司的销售菜刀业务中，还是在结转营业成本业务中，都只涉及资产负债表和利润表，似乎都不涉及现金流量表。其实并非如此，企业发生的每笔业务，不论是经营活动还是投资活动，抑或是筹资活动，只要涉及"钱"，都与现金流量表有关。

上述两项业务合并在一起，就是销售这批菜刀的全部过程，形成营业收入的同时结转与该批菜刀相关的营业成本。价值 130 万元的菜刀扣除 120 万元的营业成本，影响 10 万元的净利润。销售菜刀业务的利润表变化前的净利润为 150 万元，结转成本业务的利润表中变化后的净利润为 160 万元，正好也增加 10 万元的净利润。结转成本业务的资产负债表中变化后的资产总额 7 120 万元，比销售菜刀业务的资产负债表中变化前的资产总额 7 110 万元也正好增加 10 万元。

这两项业务充分证明：资产负债表的未分配利润与利润表的净利润搭起了两张财务报表的关联关系。

上述两项业务是否也会同时影响现金流量表呢？在菜刀公司销售菜刀形成营业收入并结转营业成本的过程中，影响货币资金的只有收到的 80 万元货款，这笔业务会导致经营活动产生的现金流入增加 80 万元。菜刀公司现金流量表简表如表 5-10 所示。

表 5-10 菜刀公司现金流量表简表

单位：万元

项目	行次	变动前金额	变动额	变动后金额
一、经营活动产生的现金流量：				
销售商品、提供劳务收到的现金	1	1 070	+80	1 150
收到其他与经营活动有关的现金	2	95		95
购买商品、接受劳务支付的现金	3	812		812
……		25		25
经营活动产生的现金流量净额	7	328		408
……		172		172
四、现金净增加额	20	500	+80	580

续表

项目	行次	变动前金额	变动额	变动后金额
加：期初现金余额	21	1 600		1 600
五、期末现金余额	22	2 100	+80	2 180

现金流量表的现金流量净额增加 80 万元，这与资产负债表中货币资金的变化一致，这也说明了现金流量表的"现金及现金等价物净增加额"项目与资产负债表的"货币资金"项目保持着同步变化。但是利润表的净利润增加了 10 万元与现金流量表则无任何勾稽关系。

"一个中心，两个基本点"将三张财务报表的勾稽关系形象地表现出来。资产负债表是中心，其通过"货币资金"项目与现金流量表相关联，又通过"未分配利润"项目与利润表相关联。利润表和现金流量表是两个基本点，两者分别通过"权责发生制"和"收付实现制"用数据描述了企业的盈利能力。利润表反映资产负债表中未分配利润的增减变化，现金流量表反映资产负债表中货币资金的增减变化，两个基本点是对一个中心的具体化。

5.1.3 了解财务报表数字背后的内容

虽然三张财务报表搭建起了企业的数据影像，但对于了解每一个数据背后所代表的事件，仍然不够直观，会让人有点"丈二和尚摸不着头脑"的感觉。所以在财务报告中除了三张财务报表以外，还有一个重要的组成部分——财务报表附注。报表使用者可以通过财务报表附注来解读财务报表中的数字。

财务报表附注的内容大致包含四个方面。

（1）企业的一般情况：主要包括企业的概况、历史延革以及合并财务报表的范围，便于报告使用者了解企业的基本情况和经营方向，并能获知该企业分子公司的情况。

（2）企业的会计政策：企业执行的会计制度、会计期间、记账原则、计价基础、利润分配办法以及会计政策和会计估计的变更情况等内容，需要编制合并财务报表的企业还要说明合并财务报表的编制方法。

（3）财务报表主要项目注释：对主要财务报表项目的详细说明，比如对应收账款的账龄分析、财务报表项目的异常变化及其产生原因的说明等，这也是了解财务报表内容最关键的部分。其说明了财务报表主要项目由哪些主要的业务事件构成，其中包含的信息量非常巨大。

（4）重要事项的揭示：主要包括关联方关系及其交易，资产负债表日后事项、或有事项、承诺事项等其他重要事项的披露。

财务报表附注是财务报告的重要组成部分，是对财务报表本身无法或难以充分表达的内容和项目所做的补充和解释。财务报表附注拓展了企业财务信息的内容，突破了项目必须用货币计量的局限性，满足了企业财务报告是为其使用者提供有助于经济决策的信息的要求，便于使用者更好地理解会计信息，同时还提高了会计信息的可比性，可以使不同行业或同一行业不同企业的会计信息的差异更具可比性，从而便于使用者进行对比分析。

财务报表附注的编制由企业的财务人员完成，为确保报表使用者能充分了解财务报表的数据内容，编制人员需要考虑附注内容的全面性和详细程度。

5.2　不同财务报表使用者关注的角度

不同的报表使用者查看财务报表的诉求不同，关注的角度也不同。

三张报表构建出一个立体的企业形象，让报表使用者能快速了解企业。企业的投资人更关注企业的盈利能力与发展能力，债权人则更关注企业的偿债能力与营运能力，国家机构关注企业的社会贡献情况，企业的管理者在企业发展的不同阶段，对报表的关注角度也会发生变化。

5.2.1　投资人关注企业的盈利能力与发展能力

无论是购买金融产品、买卖房产赚取差价，还是投资企业，都通过投资获得利益。利益与风险是相伴而生的，为了减少投资失败的可能性，投资人在投资前都会进行谨慎考察。对投资人来说，通过财务报表分析结合实地的观察是降低投资风险的关键举措。

企业的投资人包括企业的所有者和潜在投资人，以及参与经营的投资人和不参与经营的投资人。这些投资人投资企业，基本都有一个共同的目的，就是获得更多的投资回报。被投资企业需要具备较强的盈利能力，才能保障投入资本的保值、增值，这样才会赢得投资人的青睐。通过查看企业的财务报表，对企业的盈利能力进行分析对投资人来说至关重要。

对盈利能力的分析主要通过利润表进行，包括分析利润结构、营业利润率等。还可以结合资产负债表分析资产的盈利能力、资本的盈利能力，结合现金流量表分析利润中包括多少现金，判断利润的质量等。

除了热衷于短线炒股的投资人外，大部分投资人会长期持有股权，持有股权的时间越长，风险也会越大。所以除了关心企业的盈利能力外，投资人还会关注企业未来的发展能力。

发展能力就是分析企业盈利能力的持久性，通过分析企业过去连续几年营业收入增长率、营业利润增长率、总资产增长率等指标的变化，来推测其未来的发展能力、所处的生命周期、在市场中的地位。不同的投资人对处于不同生命周期的企业的投资偏好也略有不同，有的投资人更喜欢创业期和成长期的企业，持有这种企业的股权，更容易通过股权转让获得差额较大的利益回报。有的投资人则更喜欢成熟期的企业，相比成长期的企业，这种企业分红稳定，风险也小得多。

不同年度的财务报表代表着这一阶段企业的发展情况，投资人可通过财务报表查看企业的财务状况、经营成果、现金流量，分析企业的盈利能力和发展能力，从中寻找投资机会，并发现其隐藏的风险。

5.2.2 债权人关注企业的偿债能力与营运能力

每个人的生存离不开血液输送养分，每个企业的经营活动都离不开现金的流转带来的利润回报。但是投资人投入的资金有限，完全依靠利润产生的净现金流来增加资金的流动速度，不能让企业更快地发展，现金不足，企业会错失发展机会。充分利用负债杠杆，赚取更多利润，是企业的经营之道。

通过赊购、提前收取货款、银行融资等方式，都可以达到无须股东出资来增加现金流的目的。相比银行融资，赊购与提前收取货款的代价更小，但需要企业的产品有很强的竞争力，并在市场上占有一席之地，但这并不容易。银行贷款是企业常见的融资方式。

如何得到债权人的认可呢？债权人通过财务报表希望获得哪些方面的信息呢？

通过对财务报表的分析，债权人要解决以下问题：企业的偿债能力如何？企业有足够的资金还款吗？

资金出借时间较短的债权人更关心企业的短期偿债能力，主要关注流动比率、速动比率等；而资金出借时间较长的债权人，其收回借款的风险加大，仅仅分析企业的短期偿债能力是远远不够的，所以还要分析企业的长期偿债能力，比如资产负债率、利息保障倍数等。

债权人借出的是货币资金，当然希望收回的也是货币资金。虽然借债的企业会利用资产进行抵押，但债权人的目的并非获得抵押物，抵押物只是对债权人的最低保障而已。那么对现金流量表的分析就非常重要。如果企业的现金流量一直处于非常不乐观的状态，其经营活动产生的现金流量非常差，说明企业自身"造血"能力欠缺，债权人的投资注定失败。通过现金流量表来分析企业的现金运营情况非常重要。

除此之外，可结合资产负债表和利润表分析企业的营运能力，企业的营运能力越强，那么债权人就有理由相信，企业的盈利能力、偿债能力也就越强，债权人的利益就可以得到最大限度的保障。

债权人通过三张财务报表将企业的偿债能力与营运能力进行综合分

析，与同行业进行比较，与企业历史数据进行比较，可以全面了解企业。

5.2.3　管理者不同时期的关注重点不同

管理者的管理能力和管理水平关系到企业的生存发展。通过财务报表，管理者可以随时了解企业的财务状况、经营成果和现金流量。由于财务报表是对外公开企业数据的主要载体，如果管理者自己都不知道财务报表的内容，反而让外界通过财务报表了解了企业情况，管理者将陷于被动。

随着企业的发展，企业的战略发展目标不断发生变化，管理者利用财务报表的信息所要做的决策也在发生变化，因此其对财务报表的关注重点也在发生变化。

在企业成立之初，管理者最关心的是企业能否生存。由于融资能力有限，财务报表几乎不会提供给债权人。由于企业规模较小，大部分企业的股东都会直接参与企业的经营管理，对企业了如指掌，因此不必通过财务报表来了解企业状态。

企业的成长阶段，管理者更关心的是企业如何更好地发展。在此期间，企业的资产、负债、营业收入、利润等都在增加，如何扩大销售量、抢占市场，让企业持续发展，是管理者最关心的问题。成长扩张期间，需要募集大量资金。如何通过股权激励留住人才，通过银行信贷获得资金，通过天使投资人获得资金等成为管理者关注的重点，财务报表的作用日益增加。随着企业的发展、员工的扩招，企业内部管控可能跟不上发展的节奏，开始出现舞弊事件。管理者的压力增大，对财务报表的认知程度也在增加，以控制企业发展的速度、防止出现不平衡发展的状态。盈利能力、营运能力、偿债能力、发展能力等，都是管理者需要关心的指标。

在成熟期，企业一般有稳定的客户和营业收入，盈利能力持续稳定增强。管理者需时刻关注社会需求，对产品更新换代、增加产品品类，这时企业战略发展目标更有格局，社会责任感更强，规模进一步扩大，财务报表的作用越来越大。

5.3　不懂财务也能看懂财务报表的方法

虽然在前几章的内容中，着重介绍了每张财务报表的内容、财务报表之间的关系，但要从这些枯燥的数字中发现有价值的信息，还需要使用一些分析方法，才能剔除编制财务报表的客观差错、主观粉饰，真正读懂财务报表，发现企业价值。

有着雄厚财务功底的专业财务工作者，如果了解企业所处的环境、行业特点、发展历史，可以详细透彻地分析财务报表。但对大多数报表使用人来讲，这是比较困难的。本节将介绍四种常用方法，以帮助普通的报表使用人结合自身需求，快速分析财务报表，形成分析结论。

5.3.1　绝对值：经验直观判断

通常，报表使用人可能没有接受过专业、系统的财务知识培训，但是通过本书的介绍，可以基本了解财务报表项目所代表的基本含义，以及三张财务报表之间的勾稽关系，只要懂得"加""减"即可以利用财务报表的数据进行分析。

经验直观判断就是报表使用人利用对企业所处的环境、行业特点、发展历史的了解，对希望通过财务报表了解的信息进行经验性的判断。

错误的财务报表只会提供错误的信息，这样的财务报表不具备分析价值。因此在实施分析前，需要先检查财务报表是否存在重大的客观差错。比如，检查财务报表中的基本平衡关系是否正确、财务报表间的勾稽关系是否正确等。如果能够取得会计师事务所出具的财务报表，那么这些基本的核对工作就已经完成，并且数据的可靠性也有所增加。

做完简单的财务报表检查之后，就可以进行财务报表分析。财务报表分析主要有以下四个步骤。

1. 绝对值分析的含义（描述分析）

绝对值分析是将企业财务报表的数据直接比对来分析，查看数据的增减变化情况，根据比对的差额直接得到结论的方法。

绝对值分析的用途广泛，可以用于企业两个年度之间财务报表数据的比对、企业实际发生的数据与预算数据之间的比对，也可以用于不同企业之间财务报表数据的比对。

胜利厨具有限公司（菜刀公司发展而成的厨具公司，以下简称"胜利厨具"）的股东方胜虽然占股 50%，但他并不参与日常经营。每年年初，胜利厨具的财务人员就会给方胜提供财务报表。方胜对公司的经营增长情况最为关心，便首先对利润表中的营业利润进行分析，详见表 5-11。

表 5-11 胜利厨具 2020—2021 年营业利润比对

单位：万元

项目	行次	2021 年度	2020 年比对		2021 年预算比对	
			2020 年度	增长	2021 年预算	比预算增长
一、营业收入	1	11 221	5 517	5 704	8 000	3 221
减：营业成本	2	7 351	3 990	3 361	5 600	1 751
税金及附加	3	98	53	45	80	18
销售费用	11	838	465	373	640	198
管理费用	14	776	431	345	600	176
财务费用	18	123	72	51	100	23
二、营业利润	21	2 035	506	1 529	980	1 055

方胜通过将 2021 年的实际数据与上年以及预算相比，可以直接算出营业利润增长的数据。通过绝对数的比较，方胜可以清晰地看到 2021 年的营业利润比 2020 年多 1 529 万元，超过预算 1 055 万元。

2. 诊断分析

通过第一步的计算，可以看到胜利厨具营业利润增长的具体情况，那么第二步就是要分析是什么原因让数据增长得如此之快。营业利润超过了上年，这与公司正处于成长期有关。但是营业利润比预算也要高出 1 055

万元，这就要分析具体的原因，为后期的决策做好准备。要想分析清楚公司利润增长的原因，不能仅仅依靠财务报表，还要深入了解市场是否发生变化，客户的行为、喜好是否发生变化，是否出现政策性利好，是否研发出新产品等。

方胜经过诊断分析，了解到胜利厨具技术团队研发的新产品——刀架消毒一体机投入市场后，非常受年轻人的喜爱，市场接受度很高。同时胜利厨具的赵末经理修改了销售政策，利用传统菜刀打开市场，开展买刀架消毒一体机就送传统菜刀的宣传活动，使得原来的客户迅速接受了刀架消毒一体机这种新产品。胜利厨具还利用网上平台在全国大力推广新产品，取得了良好的推广效果。传统菜刀的毛利润虽然因为赠送等活动不断降低，但是带动了高利润的刀架消毒一体机的销量大增。

公司若继续保持这样的销售业绩，那么在三年后，胜利厨具的营业收入可以达到 4 亿元，营业利润也可以达到 8 000 万元。

3. 预测分析

经过诊断分析，了解了企业营业利润增长的原因，就需要假设不进行任何干预，这种利好的环境会使得公司的营业利润，在 2022 年之后以何种势态发展。根据预测形成的结果，分析产品销量的快速增长会对公司未来产生何种影响，以判断公司是否需要采取相应的措施，来应对这种势态带来的影响。

4. 措施分析

这样的发展速度对胜利厨具的股东、债权人都是利好消息，但同时公司的资产规模、人才培养、技术能力、软件配套、管理能力是否能够跟上公司发展的速度，是管理层必须考虑的问题。通过对未来销售情况的预测，管理者需要在公司的资产配套等各方面采取一些应对措施，否则配套跟不上，导致订单不能及时到货将影响公司信誉。

有一家化妆品公司，通过直播销售一款口红，一天的销售额就达到了 1 亿元。这本是一件皆大欢喜的事情，结果因为生产供应跟不上，临时找的代工厂质量又跟不上，造成一个月后仍有大量订单没能送到顾客手中，化妆品公司出现大量退赔情况，最终该公司倒闭了。

5.3.2　比率值：对比的客观观察

　　绝对值分析虽然比较直观，但无法剔除规模不同、行业不同等差异的影响，造成难以对不同企业进行比较。利用比率值比较就能解决这个问题，比率值可以将变动值以变动幅度的方式进行展示，更加有助于进行数据分析。

　　比如上市公司往往有十几亿元、几十亿元甚至上百亿元的收入，而对于只有几千万元收入的同行企业来说，两者之间似乎很难建立比对关系。但如果某上市制鞋公司毛利率是 20%，某非上市制鞋公司毛利率为 25%，通过比率值比对就很容易衡量两个公司的盈利能力。

　　胜利厨具的股东方胜，还投资了长利厨具。长利厨具以生产大型厨具设备为主。那么其投资的这两个公司，哪个公司的成长性更好呢？当取得两个公司两年的利润表后，方胜采用比率值对两个公司的利润进行比对，详见表 5-12。

表 5-12　两公司利润指标比对

项目	胜利厨具				长利厨具			
	2020 年度	2021 年度	增长	增长率	2020 年度	2021 年度	增长	增长率
营业收入	5 517	11 221	5 704	103%	22 513	28 440	5 927	26%
营业成本	3 990	7 351	3 361	84%	20 129	25 655	5 526	27%
毛利率	28%	34%	6个百分点	21%	11%	10%	负1个百分点	-9%

　　如果仅从绝对值比较，2020—2021 年长利厨具的营业收入增长额比胜利厨具多 200 多万元。但如果将营业收入的增长率进行比较，就能看出这一期间胜利厨具营业收入的增长率为 103%，而长利厨具仅为 26%。显然胜利厨具正处于高速增长时期，长利厨具则步入稳定增长时期。

　　再看毛利率，胜利厨具的毛利率在 2021 年为 34%，而在 2020 年则为 28%，说明公司营业收入的增长快于营业成本的增长。长利厨具这两年的毛利率保持在 10% 左右，但增长水平处于下降状态，为负增长。尽管长利厨具比胜利厨具的规模大，利润的增长额也大于胜利厨具，但通过比率值的比较，更容易对比出两个公司增长的实际差异。

在利用比率值进行比较时，也需要按数据分析的四个步骤进行，本小节不重复介绍。

5.3.3　趋势图：动态地分析过去

趋势图是采用趋势分析的方法，将连续多期相同财务指标放在一起进行对比所做出来的图形。其能清晰直观地反映数据增减变动的方向及数据差异，通过数据的变动趋势，分析趋势产生的原因，可估计可能遇到的风险，推断其发展方向并预测未来数据。

1. 趋势方向的含义（描述分析）

趋势结构最重要的表现就是其方向性，趋势的方向主要有上升走向（见图 5-1）、下降走向（见图 5-2）、曲线走向（见图 5-3）等多种形式。

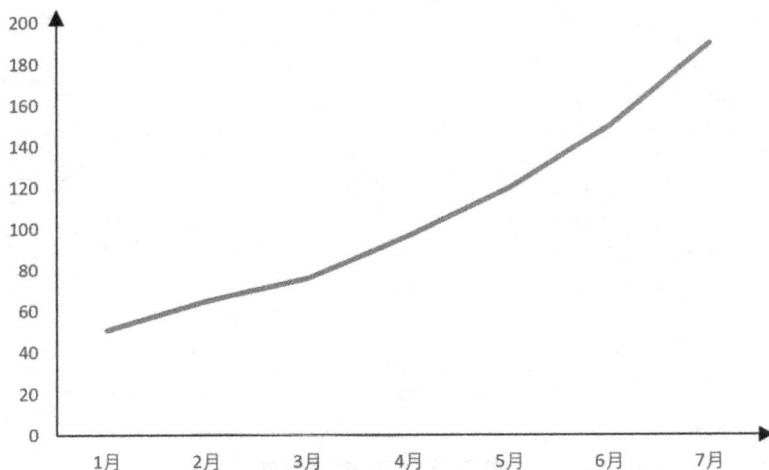

图 5-1　趋势上升走向

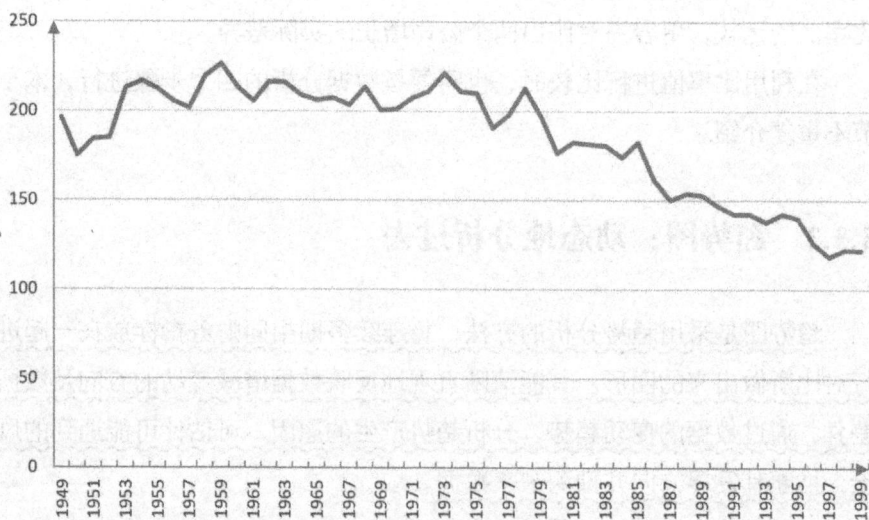

图 5-2　趋势下降走向

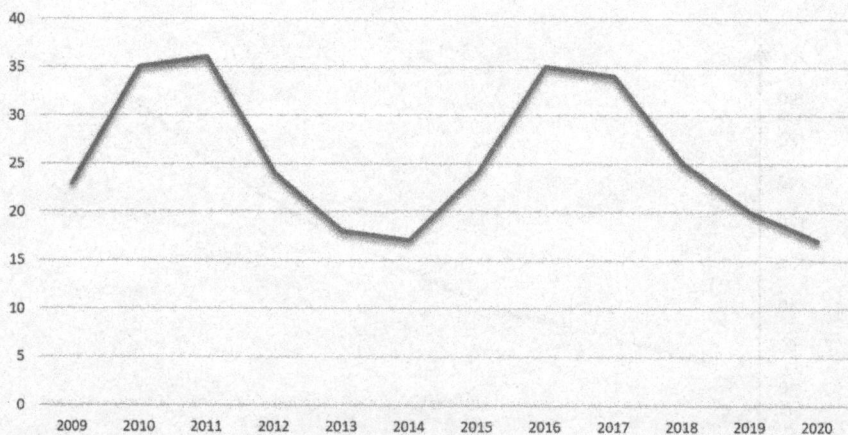

图 5-3　趋势曲线走向

一般情况下，如果没有特殊事件影响，趋势不会突然改变。图 5-1 说明 1 月至 7 月指标一直处于上行的状态。如果指标代表的是营业收入，那说明营业收入在不断增加，一切向着有利的方向发展。如果指标代表错误数量，那么也说明错误数量正逐步增加。

图 5-2 的趋势则正好与图 5-1 的趋势相反，所表达的是某指标处于逐步下降的趋势，不同的指标代表不同的事件，下降趋势是有利还是有弊，需要根据事件本身进行分析。

图 5-3 的趋势呈曲线走向，要从曲线中找到规律，就必须对指标所代表的事件有清晰的认识。在该图中可以发现随着发展该指标呈上升趋势，直至达到波峰，随后就开始呈现下降趋势，在下降到最低点波谷后，又开始上升如此反复。

通过对趋势图进行观察，详细了解指标代表的事件，再对事件的变化进行准确的描述，可以提醒指标使用者关注事件的发展。

2. 分析趋势变化的原因（诊断分析）

通过趋势走向可以分析趋势变化的原因，比如从材料价格走势图中可以发现材料价格的变化走向，对于价格持续走低的原因要认真分析——究竟是外部原因导致的，还是企业的议价能力增强了。再比如通过销售量走势图也可以分析销售量持续增长的原因——是市场整体需大于求，还是有虚假销售导致销售量增加。

如某餐饮公司通过分析 12 个月的营业收入情况，制作了月度营业收入趋势，详见图 5-4 。在该图中可以清晰地看到，该餐饮公司在 2 月以及 7—10 月的营业收入较高。其原因是 2 月为我国的春节，大家在放假期间更愿意结伴外出就餐。7—10 月是暑假和国庆期间，也是家庭外出就餐的高峰时段。如果每年的月度营业收入都符合这个规律，则公司的销售情况正常，如果出现异常，就要详查出现异常的原因，考虑是否存在员工舞弊等情况。

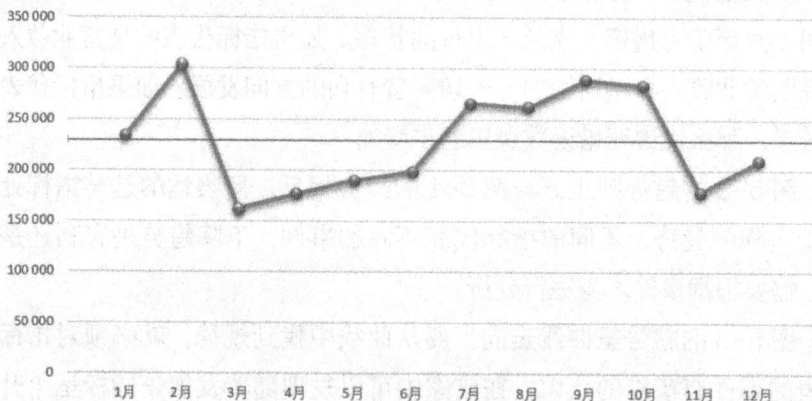

图 5-4 某餐饮公司月度营业收入趋势

3. 预测趋势走向（预测分析）

一般情况下，如果没有外力等因素的影响，可认为趋势是会延续的，不会突然改变。通过过去的趋势变化，分析变化的原因，排除异常因素的影响，就可以对未来趋势进行预测。趋势的变化受时间的影响，把控好节奏，不但可以预测下个阶段的发展方向，也可以预算具体的数据。

4. 制定措施（措施分析）

有些趋势是有利的，有些则是不利的。当发现事情向着不利的趋势发展时，决策者要进行干预，并采取一定的措施。企业的管理者要从趋势图中发现是否存在员工舞弊、管理失控的情况，并进一步追查，以防止损失扩大；投资人要从趋势图中发现企业是否存在经营不善的苗头，积极参与到企业的决策中，或转让投资以及时止损。

5.3.4 结构图：静态地分析前景

结构图依据结构百分比的分析方法绘制，将同一期间财务报表中的不同项目通过计算结构百分比的方式进行比较和分析，反映出项目各组成部分的比例关系，从而揭示各项目数据的意义。确定财务报表中项目占总额的比重的计算公式为：结构百分比 = 部分 / 总体 ×100%，一般情况下，认为资产负债表的总体是资产总计，利润表的总体是营业收入。

胜利厨具 2019 年和 2020 年的资产结构图分别如图 5-5 和图 5-6 所示。

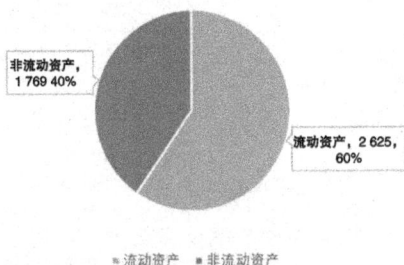

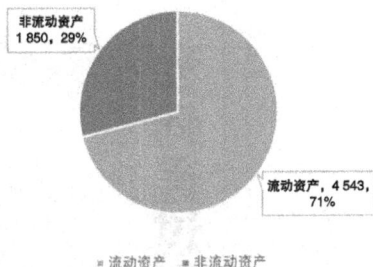

图 5-5　胜利厨具 2019 年资产结构图　图 5-6　胜利厨具 2020 年资产结构图

从图 5-5 和图 5-6 中可以发现，胜利厨具流动资产、非流动资产在总资产中的占比情况，可比较直观地看出总资产中各资产在两个年度的结构变化。通过这种变化可分析出是何种因素导致了资产结构的变化以及如果影响这种变化因素来持续性发挥作用，一年之后，胜利厨具的资产结构会发生什么样的变化。还有利于帮助管理者分析为了保持当前资产结构或者调整为新的资产结构，企业可以采取什么样的措施。

具体的分析过程可以参考上一小节的介绍。结构图与趋势图提供的信息不一样，二者之间可以相互补充，利用这两种图基本可以对企业大部分财务指标进行分析。

第 6 章

如何通过财务报表评判企业的优劣

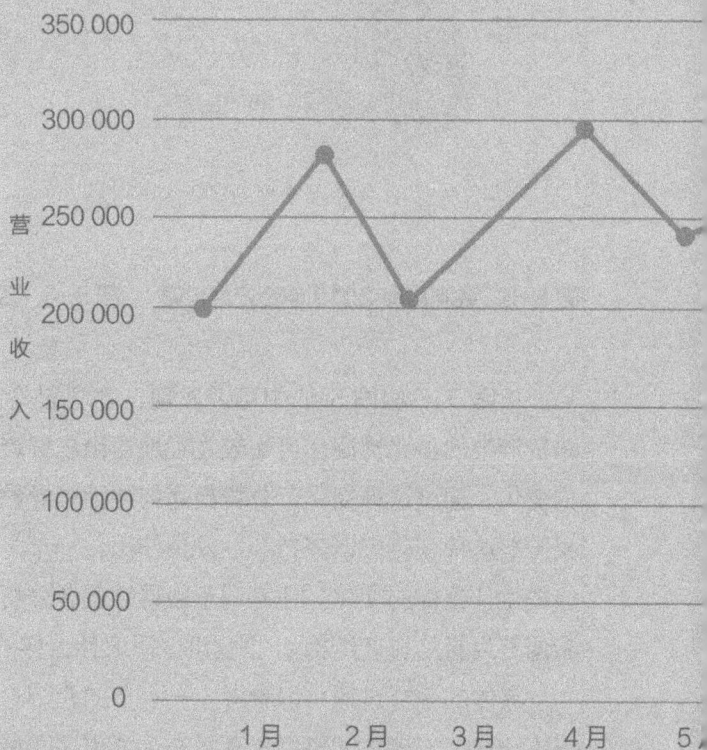

单位：万元

营业收入

350 000
300 000
250 000
200 000
150 000
100 000
50 000
0

1月　2月　3月　4月　5月

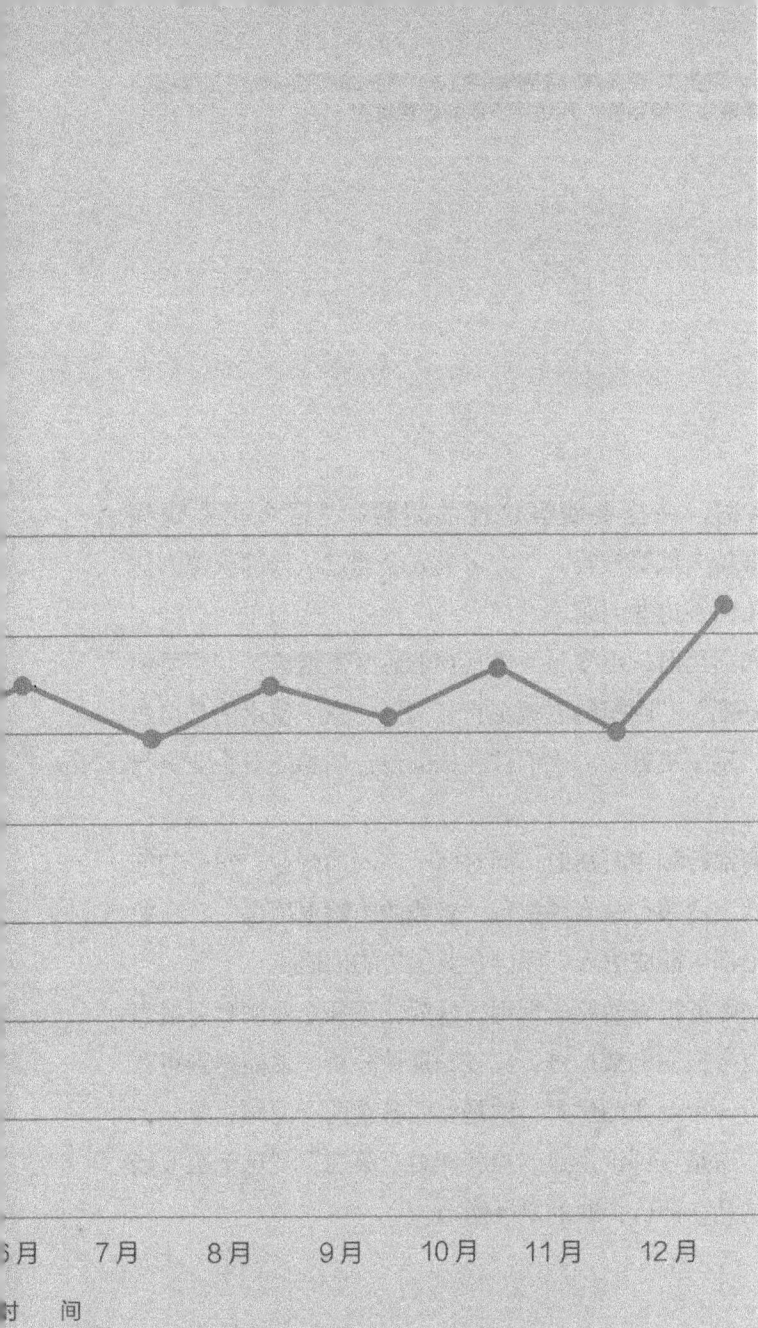

6月　　7月　　8月　　9月　　10月　　11月　　12月

时　　间

　　评价企业的优劣时，往往要回答这样的问题："这个企业赚钱吗？""这个企业能够持久地赚钱吗？"大多数人会通过从外部获得的信息或者看到的一些现象回答这些问题。

　　比如，评价京东和阿里时，更多是凭借直观的感受下结论，"阿里的性价比更高，应该更好吧""阿里的老板更有名气""京东使用的是自建物流体系，速度超快，京东更好"。人们往往依据自己的感受对企业进行判断。

　　再比如，评价工商银行和中石油时，面对两个不同的行业，判断的标准或许更感性一些。"工商银行是老牌银行，管钱的当然更厉害"。企业规模、服务体验、舆论都可能成为人们评价企业优劣的依据。

　　每个国家都有编制财务报表的统一规则，这就让不同企业的财务报表具有了可比性。利用财务报表的数据进行比较和理性分析，才能得到更有说服力的结论。要评价一个企业的优劣，就是要回答这两个问题：第一，"这个企业赚钱吗？"这是在评价企业的盈利能力；第二，"这个企业能够持久地赚钱吗？"这是在评价企业的发展能力。

6.1　这个企业赚钱吗

　　企业赚不赚钱主要看其盈利能力。股东、债权人非常关注企业的盈利能力，因为其根本目的就是从企业的盈余中获得回报。企业经营的目的是实现盈利，企业的盈利能力在一定程度上映射出企业管理者的能力。

6.1.1　如何判断企业能赚多少钱

判断企业是否赚钱，就是判断企业盈利能力的强弱，也就是判断一定时期内企业收益数额的多少及收益水平的高低。通常情况下，评价企业能赚多少钱的"钱"都是指"利润"，而并非"货币资金"。所以盈利水平和盈利能力的分析，首先集中在对利润表分析的基础上，再结合资产负债表的数据，确定资产对盈利能力的提升有什么样的帮助。

【例 6-1】

2019 年，胜利厨具的赵末经理和长丰汽车配件有限公司（以下简称"长丰配件"）的李丹经理，几乎在同一时间找到天使投资人方胜，希望能从方胜那里得到资金支持。胜利厨具的新产品——刀架消毒一体机非常受市场欢迎，赵末经理要扩大规模，单靠利润形成的资金发展不但影响发展速度，同时也会错过发展时机。与此同时，长丰配件也希望通过投入研发资金开发新产品，维持已经占有的市场份额，同时通过新产品扩大市场份额。

那么方胜该如何抉择？听完赵末和李丹的描述后，方胜取得了两个公司 2018 年的财务报告，并对其进行了详细的分析。长丰配件与胜利厨具 2018 年度利润表对比如表 6-1 所示。

表 6-1　长丰配件与胜利厨具 2018 年度利润表对比

单位：万元

项目	序号	长丰配件	胜利厨具
一、营业收入	1	3 440	2 752
减：营业成本	2	2 742	2 127
税金及附加	3	31	13
销售费用	4	155	254
管理费用	5	443	256
财务费用	6	−16	7
二、营业利润（亏损以"−"号填列）	7	85	95

续表

项目	序号	长丰配件	胜利厨具
加：营业外收入	8	20	3
减：营业外支出	9	5	10
三、利润总额（亏损总额以"－"号填列）	10	100	88
减：所得税费用	11	17	9
四、净利润（净亏损以"－"号填列）	12	83	79

据表6-1可知，无论是营业收入、利润总额还是净利润数值，长丰配件似乎都比胜利厨具略胜一筹。长丰配件的营业收入3 440万元，比胜利厨具的2 752万元多出688万元；长丰配件的净利润83万元，比胜利厨具的79万元多4万元。那么是不是方胜会投资长丰配件呢？

以2018年的数据来看，虽然把钱投资给长丰配件，获取的收益似乎更多。但投资人不只关心现状，更要衡量企业未来的发展潜力。所以智慧的投资人，不会仅仅依据一个年度的利润表就轻易做出投资的决定，尤其是在两个企业的数据如此接近的情况下。

【例6-2】

接【例6-1】，方胜与胜利厨具的赵末经理和长丰配件的李丹经理沟通后，又取得了两个公司2016—2018年三年的数据进行比较。两公司2016—2018年三年的利润对比详见表6-2。

表6-2　两公司2016—2018年的三年利润对比

单位：万元

项目	长丰配件			胜利厨具		
	2016年	2017年	2018年	2016年	2017年	2018年
一、营业收入	2 953	2 513	3 440	435	2 183	2 752
减：营业成本	2 278	1 872	2 742	344	1 718	2 127
税金及附加		46	31	2	8	13
销售费用	193	172	155	29	190	254
管理费用	253	264	443	48	172	256

续表

项目	长丰配件			胜利厨具		
	2016 年	2017 年	2018 年	2016 年	2017 年	2018 年
财务费用	22	30	−16	−1	−1	7
二、营业利润（亏损以"−"号填列）	207	129	85	13	96	95
加：营业外收入	26	5	20			3
减：营业外支出			5	1	12	10
三、利润总额（亏损总额以"−"号填列）	233	134	100	12	84	88
减：所得税费用			17	1	12	9
四、净利润（净亏损以"−"号填列）	233	134	83	11	72	79

从两个公司三年的利润变化能看出两个公司发展趋势的三大差异。

（1）营业收入的变化趋势。长丰配件成立时间相对于胜利厨具更长，2016 年即达到近 3 000 万元的营业收入，但营业收入在三年内出现波动，说明产品受外部市场影响较大。胜利厨具则成立不久，公司的发展处于上升期，营业收入在不断增长，由 2016 年的 435 万元增长到 2018 年的 2 752 万元，其市场前景更为广阔。至 2018 年，胜利厨具的收入规模已经接近长丰配件。

（2）营业利润的变化趋势。长丰配件的营业利润三年来处于连续下滑的状态，在排除内部管理问题和核算差错后，有可能是市场竞争更为激烈导致产品价格下降，也有可能是产品成本上升。胜利厨具的营业利润在 2016 年至 2017 年处于上升状态，2017 年至 2018 年基本持平，比长丰配件经营更稳健。到 2018 年，胜利厨具虽然年营业收入不及长丰配件，但营业利润已经超过长丰配件。

（3）净利润的变化趋势。从三年的净利润合计数来看，长丰配件为 450（233+134+83）万元，比胜利厨具的 162（11+72+79）万元高出 288 万元。但从趋势上看，长丰配件的净利润连续三年下滑，与净利润处于连续上升状态的胜利厨具相比，明显处于劣势。

投资人若单纯看一个年度的数据，很难对企业的盈利能力做出评价。如果能通过连续几年的数据，分析企业的发展趋势，则更有利于做出准确的初判。通过对数据的变化进行分析，再通过与被投资企业进行仔细沟通，可以进一步了解企业数据变化的原因。有的时候，仅凭企业的利润数据与变化趋势仍然很难做出比较，就需要进行更详细的分析。

6.1.2　通过利润结构判断企业的盈利能力

通过对利润表数据的直接对比分析，可以看出企业的盈利水平。但有些企业的规模不同、所处行业也不同，为了使绝对数据差异较大的企业的盈利能力具备可比性，我们往往会对利润表的结构进行分析，也就是利用利润表数据之间的相对值（比率）来评价和比对，从而判断不同企业的盈利能力。

利用利润结构分析企业盈利能力的主要指标详见表 6-3。

表 6-3　利润结构分析中所涉及指标的说明

指标	公式	指标说明
毛利率	（营业收入 – 营业成本）/营业收入	毛利率越高，表明企业产品本身的盈利能力越强，市场竞争力越强
营业利润率	营业利润 / 营业收入	营业利润率越高，表明企业盈利能力越强，发展潜力越大
销售净利率	净利润 / 营业收入	该指标越高，表明企业形成有效利润的能力越强，盈利水平越高
成本费用利润率	利润总额 / 成本费用总额	该指标越高，表明企业为取得利润而付出的代价越小，成本费用控制越得当，盈利能力越强

依据表 6-2 可对长丰配件与胜利厨具的相关指标进行计算，以对两个公司的盈利能力进行更为详细的分析，两个公司的利润结构见表 6-4。

表6-4 两个公司的利润结构

指标	2016 年		2017 年		2018 年	
	长丰配件	胜利厨具	长丰配件	胜利厨具	长丰配件	胜利厨具
毛利率	22.86%	20.92%	25.51%	21.30%	20.29%	22.71%
营业利润率	7.01%	2.99%	5.13%	4.40%	2.47%	3.45%
成本费用利润率	8.49%	2.84%	5.62%	4.02%	2.98%	3.31%

由于长丰配件与胜利厨具的收入总额不同，规模也有一定差距，难以直接比较，通过比率指标则能让两个公司更具备可比性。

从2018年来看，胜利厨具的营业利润率、成本费用利润率均高于长丰配件，但从2016年和2017年来看，胜利厨具三项指标的数值均低于长丰配件，说明胜利厨具的整体盈利能力在不断增强。

1. 毛利率

2018年胜利厨具的营业收入低于长丰配件，但毛利率却高于长丰配件。两个公司三年的毛利率均在20%~26%，胜利厨具的毛利率处于持续增长状态。长丰配件的毛利率则时有波动，在2018年有所下降，如果营业成本没有较大波动，则有可能出现了市场竞争加剧导致产品价格下滑的情况。

2. 营业利润率

2018年胜利厨具的营业利润高于长丰配件，营业利润率也高于长丰配件。但在前两年，胜利厨具的营业利润率均低于长丰配件。长丰配件的营业利润率三年来处于下降状态。胜利厨具的营业利润率则存在一定波动，但由于营业收入处于持续上涨状态，那就说明成本费用的涨幅高于营业收入的涨幅，应该是成本费用的控制出现了异常。

3. 成本费用利润率

2018年胜利厨具的净利润低于长丰配件，但成本费用利润率高于长丰配件。由此看出，胜利厨具作为新兴公司，正处于发展阶段，2017年胜利厨具成本费用利润率在明显上升的情况下，2018年又出现小幅度下滑，这也说明胜利厨具在公司规模扩张时，成本费用可能存在未有效控制的情况。具体情况可以通过与赵末的沟通来获得进一步成本费用利润率下降的原因。而长丰配件的该指标则下降明显，说明该公司的成本费用控制不力，销售上也可能存在低价竞争的情况。

整体指标都显示长丰配件的盈利能力处于持续下降的状态，胜利厨具的各指标虽然有些波动，但其盈利能力最终在 2018 年强于长丰配件。通过对利润结构指标比率的分析，对企业的盈利能力可以有更为清晰的评判，对不同规模、不同行业的企业均可以在同一标准下比较。

6.1.3　资产的盈利能力决定资产有效性

在分析企业盈利能力时，我们会注意到，即便是两个利润完全一样、毛利率完全一样的企业，其盈利能力也未必一样。因为产生相同利润的企业，所占用的资产未必相同。如果其中一个企业占用了更多资产，那么其盈利能力其实是弱于另一个企业的。所以，在分析企业盈利能力时，必须还要分析资产的盈利能力。

总资产报酬率就是这样一个用于分析企业占用资产形成利润的指标。该指标可以告诉我们，企业每占用 1 元的资产平均能获得多少元的利润。该指标越高，表明企业资产的综合利用效益越好，投入产出水平越高，资产的盈利能力越强，成本费用的控制水平越高。

总资产报酬率 = 息税前利润总额 / 平均资产总额 × 100%

其中：息税前利润总额 = 利润总额 + 利息

平均资产总额 = （年初资产总额 + 年末资产总额）/2

【例 6-3】

接【例 6-1】，方胜需要评判胜利厨具和长丰配件的资产使用效率，安排财务人员计算总资产报酬率。利润表详见表 6-2，资产情况详见表 6-5。

表6-5 两公司资产情况

单位：万元

资产	长丰配件			胜利厨具		
	2016 年	2017 年	2018 年	2016 年	2017 年	2018 年
流动资产：						
货币资金	325	108	90	51	101	137
应收账款	111	44	17	21	54	42
其他应收款	10	7	343	34	75	135
预付款项	333	163	23	8	12	21
存货	259	722	517	132	92	464
其他流动资产			37			
流动资产合计	1 038	1 044	1 027	246	334	799
非流动资产：						
固定资产						
固定资产原价	269	280	267	155	178	856
减：累计折旧	201	231	231	22	44	99
固定资产净值	68	49	36	133	134	757
无形资产						20
长期待摊费用	7	11	8			
非流动资产合计	75	60	44	133	134	777
资产总计	1 113	1 104	1 071	379	468	1 576

财务人员将制作好的总资产报酬率对比（见表6-6）发送给了方胜。

表6-6 两公司总资产报酬率对比

公司名称	2016 年	2017 年	2018 年
长丰配件	28.81%	14.79%	7.72%
胜利厨具	5.80%	19.60%	9.30%

为核算方便，利息支出为报表中的财务费用的金额，2016 年年初长

丰配件的资产总计 657 万元，胜利厨具系 2016 年新成立的公司，2016
年年初的资产总计为 0 万元。在 2016 年长丰配件的总资产报酬率高于胜
利厨具，而在 2017 年和 2018 年均低于胜利厨具。在资产负债表中，也
能够清晰地看到胜利厨具在 2018 年购置了大量固定资产，这导致 2018
年的资产投资过大，而无法迅速获得利润回报，此次扩大规模，为以后的
发展做好了充足的准备。

长丰配件则连续三年并未有固定资产的大规模投资，但总资产报酬率依
然持续下降，这也说明长丰配件的利润下行，与资产投入无关，应该与市场
或者营业成本有关。若要提高总资产报酬率，仅依靠加速资产周转是无法实
现的，企业负责人应该把精力放在市场的开拓和产品的转型上。

6.1.4　利润中的货币含量决定盈利质量

所有盈利能力的分析指标都是以利润表为基础计算的。但如果利润经
过粉饰，或者通过会计政策、会计估计调整等，或者通过虚假销售增加利
润，那么这样算出来的盈利能力指标就会误导投资人做出错误的判断，从
而影响决策。

所以一般使用盈余现金保障倍数来反映利润质量。盈余现金保障倍数
强调在净利润中经营现金净流量的占比，以此来反映企业当期净利润中现
金收益的保障程度。当企业当期净利润大于 0 时，该指标应当大于 1，该
指标越大，企业经营活动产生的净现金收益贡献就越大，利润的可靠性也
越高。如果企业当期净利润小于 0，尽量不要使用该指标分析和评价利润
质量。

盈余现金保障倍数 = 经营现金净流量 / 净利润

【例 6-4】

接【例 6-1】，方胜需要评判胜利厨具和长丰配件的利润质量，随即
安排财务人员对此进行分析。利润表详见表 6-2，两公司经营活动产生的
现金流量对比详见表 6-7。

表6-7 两公司经营活动产生的现金流量对比

单位：万元

项目	长丰配件			胜利厨具		
	2016 年	2017 年	2018 年	2016 年	2017 年	2018 年
经营活动产生的现金流量						
销售商品、提供劳务收到的现金	3 388	2 907	3 914	470	2 587	3 219
收到其他与经营活动有关的现金	1 096	1 239	580	94	95	1 002
经营活动现金流入小计	4 484	4 146	4 494	564	2 682	4 221
购买商品、接受劳务支付的现金	2 089	1 982	2 973	318	1 872	2 720
支付给职工以及为职工支付的现金	1 003	910	951	37	125	180
支付的各项税费	131	57	30	22	75	25
支付其他与经营活动有关的现金	1 252	1 531	558	81	537	653
经营活动现金流出小计	4 475	4 480	4 512	458	2 609	3 578
经营活动产生的现金流量净额	9	-334	-18	106	73	643

通过表6-2和表6-7，方胜的财务团队很快给出了两公司盈余现金保障倍数对比，详见表6-8。

表6-8 两公司盈余现金保障倍数对比

公司名称	2016 年	2017 年	2018 年
长丰配件	0.04	-2.49	-0.22
胜利厨具	9.64	1.01	8.14

从表6-2中可以看出，两个公司在三年间的净利润均为正数，而长

丰配件 2017 年和 2018 年的盈余现金保障倍数均为负数，说明其经营活动产生的现金流量质量较差，同时 2016 年长丰配件的净利润质量也不是特别好。胜利厨具三年的盈余现金保障倍数均为正数，说明其经营活动产生的现金流量质量较高，可靠性也更高。

6.2　这个企业能够持久地赚钱吗

对企业盈利能力进行分析，回答了企业能否赚钱的问题，但是并不能回答企业能否持久地赚钱这个问题。若投资时间较长，其风险也会随之增大。投资企业并非短期行为，因此当投资人将资金投入企业，如果仅以现阶段较强的盈利能力指标进行决策，而没有对企业的发展能力进行分析，很有可能会给投资人造成无法挽回的损失。

可通过分析企业的发展能力判断企业能否持久地赚钱。企业的发展能力主要可通过其所处生命周期与市场地位、赚钱持久性等方面进行判断。

6.2.1　判断企业的生命周期与市场地位

企业犹如一个生命体，在整个生命周期会经历不同阶段。简单来讲企业的生命周期可以分为创业期、成长期、成熟期和衰退期。

随着企业所处的生命周期不同，其在某一区域的市场地位也会有所不同。在企业的创业期，企业尚不能对市场形成一定影响，且营业收入的增长速度也往往较快；到了成长期，企业的营业收入有可能将继续保持较好的增长势头，尚未面临产品更新的风险，也还没有形成对市场产生影响的能力；到了成熟期，企业营业收入的增长速度放缓，其在某一市场领域拥有一定地位，其定价也会对整个市场有所影响，同时，企业也要着手进行产品的更新改造以延长成熟期的时间，否则很容易进入衰退期，被其他企业替代，最终退出市场。

投资人对处于不同阶段的企业也有着不同的投资偏好，已经处于成熟期的企业，分红更加稳定。处于不同阶段的企业的销售增长率会有不同变化。投资人可以通过对销售增长率的分析，来判断企业处于何种阶段。

销售增长率又称为营业收入增长率，是指当年营业收入增长数与上年营业收入的比值，该指标越高，说明企业营业收入增长的速度越快。由于该比值与上年营业收入有关，当上年营业收入基数越大，增长速度越难提高，但不代表增长的绝对值变小，而是说明企业有可能进入了成熟期。所以，如果销售增长率超过10%，企业处在创业期和成长期的可能性非常大；如果上年营业收入基数较大，且销售增长率为5%~10%，企业进入成熟期的可能性最大；但如果销售增长率低于5%，甚至为负数，说明产品存在销售不对路或属于市场淘汰品、所占有的市场份额减小的情况，企业进入衰退期就已成定局。

在分析此类指标时，还要特别注意剔除个别因素的影响，比如不可抗力事件、影响整个行业的事件等。同时，最好对至少三年的销售增长率做出趋势性分析判断。

销售增长率 =（当年营业收入 – 上年营业收入）/ 上年营业收入 ×100%

通过表6-2，可以算出长丰配件与胜利厨具的销售增长率，两公司销售增长率对比详见表6-9。

表6-9 两公司销售增长率对比

公司名称	2017 年	2018 年
长丰配件	–14.90%	16.99%
胜利厨具	401.84%	26.07%

从销售增长率上看，长丰配件2018 年出现销售转机，具体需要结合利润指标分析，如果产品没有变化，毛利润不增反降，说明该公司可能采取了以低价打市场的策略。同时，市场可能面临产品饱和的状态，如果公司不进行产品更新换代，2018 年营业收入的增长则是虚假的表现。

反观胜利厨具的销售增长率，其变化更符合企业的发展规律，其从2017年的创业期进入2018年的成长期，并且胜利厨具的销售增长率一直高于10%，说明公司的发展空间较大。

6.2.2　企业规模扩张的"晴雨表"

企业在进入成长期后，若要快速扩张规模，就需要在是购置固定资产还是租赁固定资产中进行选择。越来越多企业选择轻资产运营，即把资金尽量多地投入流动资产，以确保企业迅速扩张和开拓更大版图的市场。

评价企业是否有能力购置固定资产、是否有能力进行扩张的指标就是营业利润增长率。营业利润增长率越高，说明企业的生产规模扩张速度越快，生产以及销售增长的可能性越大。

营业利润增长率 =（当年营业利润 – 上年营业利润）/ 上年营业利润 ×100%

通过表 6-2，可以算出长丰配件与胜利厨具的营业利润增长率，两公司营业利润增长率对比详见表 6-10。

表 6-10　两公司营业利润增长率对比

公司名称	2017 年	2018 年
长丰配件	-37.68%	-34.11%
胜利厨具	638.46%	-1.04%

长丰配件连续两年的营业利润增长率均处于负增长状态，说明公司扩张能力有限，持续经营的风险加大。尤其是在 2018 年长丰配件的营业收入增长较快的情况下，营业利润仍然出现负增长，说明公司营业利润的整体质量不高，投资这样的公司要特别警惕。

胜利厨具 2017 年的营业利润增长率非常高，2018 年有小幅度倒挂，符合创业型企业向成长型企业转变的模型，但也需要具体核实 2018 年管理费用增高的原因，分析其公司规模的扩张是否会因为管理不善而无法持续进行。

6.2.3　资产规模大，抗风险能力就强吗

大多数情况下，看得见、摸得着的资产往往会给予他人更值得信任的感觉，所以大家愿意相信拥有更多固定资产的企业。企业资产规模的不断扩张，虽然并不完全代表企业规模的扩大，但二者成正相关关系。

总资产是企业在某一个时点所有资产的静态数据。从表6-5中可以看出，2016年拥有价值269万元的固定资产的长丰配件显然要比拥有价值155万元的固定资产的胜利厨具更有保障性。但到了2018年，长丰配件的固定资产不增反降至267万元，胜利厨具的固定资产规模已经扩张至856万元。显然胜利厨具的固定资产增长速度会给投资者更大的信心，投资者会认为这是一家不断发展并日益规模化的公司。

评价资产规模的扩张情况时，常用的指标是总资产增长率。总资产增长率越高，说明企业资产规模扩张的速度也越快。

总资产增长率 =（年末资产总额 − 年初资产总额）/ 年初资产总额 ×100%

通过表6-5，可以算出长丰配件与胜利厨具的总资产增长率，两公司总资产增长率对比详见表6-11。

表6-11　两公司总资产增长率对比

公司名称	2016 年	2017 年	2018 年
长丰配件	69.41%	−0.81%	−2.99%
胜利厨具	—	23.48%	236.75%

2016年年初长丰配件总资产为657万元，通过总资产增长率数据的对比，不难看出胜利厨具的资产规模扩张速度更快，尤其到2018年已经达到236.75%。而长丰配件的资产规模则不尽如人意，甚至在2017年就出现负增长的迹象，到2018年也没有得到有效改善。当然也不能完全以数字"论英雄"，在数字的背后，还要关注资产的质量，以及是否有同时虚增资产和负债的情况，是否购买了与企业经营无关的资产等。

也有很多企业在快速发展中选择轻资产运行，采用以租代买固定资产的策略。这就要考虑行业的不同、发展方向的差异，比如一些高科技且面向全国市场的企业，反而会被购买的厂房及场地限制，难以整体搬迁，厂房规模扩张也会影响企业的再发展。

同时分析资产规模的扩张情况时，必须考虑其资产的质量如何。

6.3　企业再好，不分红有什么用

企业的投资人（股东）在投资后，一些投资人会通过参与企业经营来获得工资等报酬，而有一些投资人并不参与企业经营，投资获利的形式就是分红和股权转让的收益。

很多投资人将资金投入了非上市企业，其无法通过股权市场来随意转让股权，并且一旦转让股权，这些投资人也就与企业撇清了关系，若要长时间保持与被投资企业的联系，这些投资人就不会轻易将股权转让。这些投资非上市企业的投资人，其获得利益的形式主要就是分红。

同时，企业的分红就是将当期形成的部分利润，以资金的形式流出企业，这部分资金不再参与企业下一阶段的运营。这对于经营者来讲，无异于"抽血"，也是考验。这就使是否分红、分多少红成为股东与经营者每年都要经历的拉锯战。企业一直赚钱、一直发展是每个人的目标，但发展就离不开钱。如果企业一直以发展为理由，拒绝分红，那么企业再好，对于投资者来讲，不分红的股权就没用。

6.3.1　股东权益就是所有者权益吗

股东投资后，一些股东会参与经营，有一些股东并不直接参与经营。由于不参与经营的股东不能常驻公司，其要么通过他人描述、媒体报道，要么通过财务报告来充分了解公司。对于股东手中持有的股权，到底价值多少，可通过财务报表中的哪些数据能快速地反映出来呢？

资产负债表中的所有者权益就是股东权益。资产负债表的恒等关系，在第 3 章有详细的解释。"资产 = 负债 + 所有者权益"，将公式变形后，就可以得出另外一个公式，即"所有者权益 = 资产 − 负债"。既然所有者权益就是股东权益，那股东权益就是资产总额扣除负债总额得出的数字。

由于资产负债表编制时会遵循谨慎性原则，所以理论上所有者权益的账面价值有可能低于市场价值。有时候股东会要求对企业进行评估，将评估后的资产扣除负债可得到净资产，其也是评估后的所有者权益（股东权益）。评估后的净资产的价值最接近股权的市场价值。

在计算资本的盈利能力时，也会用到净资产这个数据。这时净资产指的就是所有者权益。

6.3.2　通过财务报表看股东回报

企业发展壮大，不仅仅股东得以受益，国家收了税、百姓享受了产品、债权人获得了利息、供应商得以生存，其都得以受益，这些都是企业存在的价值。企业能够诞生于世，要归功于股东，股东就是企业的父母。所以本小节所讨论的主要是股东对企业的关注。

股东通过两个渠道从被投资企业处获得实际经济利益。一是在持有股权期间，通过每年度企业形成的利润分得股息红利；二是通过处置股权获得超过初始投资成本的差额利益。

如果企业盈利水平很高，但是迟迟不分红，那么股东将通过处置股权来获得溢价收回应得的收益。处置股权的价格如何确定呢？

所有者权益变动表是指反映构成所有者权益各组成部分当期增减变动情况的财务报表。在当年净利润形成后，股东会将讨论如何对净利润进行分配，分配后的余额在未分配利润中累计并记录于资产负债表中。所以所有者权益变动表是连接资产负债表与利润表的财务报表。

股东是企业的父母，关系到企业的生存发展。股东的权益情况均体现在所有者权益变动表中，不仅包括当期损益、其他综合收益，还包括与所有者进行资本交易产生的所有者权益的变动等，所有者权益变动表能全面、详细地呈现股东获得投资回报的信息。

所有者权益变动表既可以为报表使用者提供所有者权益总量增减变动的信息，也能够为其提供所有者权益增减变动的结构性信息，特别是能够让报表使用者理解所有者权益产生增减变动的原因。

6.3.3　企业经营形成的利润怎么分配

企业经营形成的利润，是需要向股东分配的，而分红相当于从企业"抽血"，抽走了珍贵的流动资金，在次年的经营中会影响企业再发展的速度和规模。企业的经营者不会愿意多分红，但对于投资者而言，其取得投资回报的主要形式就是分红。那么是将利润全部都分掉，还是分一部分？如果分一部分，分多少合适呢？就成为人人都关心的核心主题。

【例 6-5】

厨具公司在 2019 年形成 200 万元的利润，提取 20 万元的盈余公积后，形成 180 万元未分配利润。厨具公司的两位股东方胜与赵末各占 50% 的股权。方胜并不参与公司管理，而赵末则负责公司所有运营。

在本例中，方胜与赵末的想法是有所不同的。公司刚刚进入快速发展时期，用钱的地方非常多，如果将 180 万元全部分配，赵末作为主要经营者就需要多方筹集资金。如果增加贷款，就会增加新的利息支出，进而也会减少次年利润。

但对于方胜来讲，投资的目的就是获得分红，如果在利润情况比较好的时期，不及时回笼资金，一旦企业遇到风险，那想回收资金就会有困难。何况，企业投资也不能随意抽资，要想保住本金，就要在投资后的几年内快速获得分红，先保住本金，能多分就一定要多分。

这 180 万元的未分配利润是在计提了法定盈余公积之后形成的，即使全部分配也是合法的。那这 180 万元，两人应该怎么分？

最终经过双方几轮的沟通后，赵末的高科技厨具项目赢得了方胜的支持。股东会决议显示：厨具公司当年拿出 80 万元进行分配，100 万元留在企业以供后续发展使用，待一年后再进行分配。同时为鼓励赵末带领团队攻克全新市场，其可以优先进行 20% 的利润分配，剩余的利润再各按持股比例进行分配。

那么赵末就获得了：80×20%+80×80%×50%=48（万元）的分红。

方胜则获得了：80×80%×50%=32（万元）的分红。

相当于方胜只拿到 32÷80×100%=40% 的分红，赵末拿到 60% 的分红。这个约定也是合法的，对于有限责任公司来讲，股东之间在未违反法律的情况下可另行约定分红的具体方式。但股份有限公司则必须按同股、同权、同利的原则分红，另行约定无效。

6.3.4 当年没分配的利润什么时候可以分

企业在创业期和发展期时，为了抓住发展的时机，将更多资金留在企业用于周转，往往对形成的利润并不急于分配，就会出现以前年度沉淀下来大量未分配利润的情况。企业可能会面临各种经营风险、不可抗力等特殊情况。那么以前的利润是先弥补以后年度形成的亏损，还是即便在亏损的情况下，仍可以对以前年度形成的利润进行分配呢？

厨具公司在 2019 年赚了 600 万元，按照 10% 的比例提取了 60 万元的法定盈余公积金，之后经过股东会同意，决定提取 5% 的任意盈余公积金，还剩余 510 万元可以用于股东分配，但是公司为扩大规模，并没有向股东分配利润。2020 年公司发生亏损，亏了 110 万元，但公司为了安抚股东，决定当年进行利润分配。

那么在 2020 年可以分配的利润到底是 510 万元呢，还是弥补 2020 年 110 万元亏损后的 400 万元呢？

如果弥补以后年度的亏损再分配，显然对投资人是不公平的。本来早可以获得的利润，为了企业周转留下的未分配利润，反而因为后期出现经营问题而无法获得。所以，笔者认为 2020 年仍然可以分 510 万元，当然前提是企业确实有 510 万元可供支付的货币资金。那 2020 年形成的 110 万元亏损该怎么弥补呢？可以先用盈余公积弥补，也可以用以后年度的利润弥补。若没有特殊情况，亏损不必用以前年度的利润弥补。

6.3.5 等价的"原料"，不等价的"蛋糕"

"曾经有一个值得投资的企业出现在我面前，我没有选择投资。假如再给我一次机会，我愿意把钱投给它，如果不设定限额，我希望投资我全部的家当"。当与一个优秀的企业擦肩而过时，那种遗憾的心情或许是每个投资人都曾经历的。投资人可支配的资金有限，如何让这等价的"原料"，做出回报最高的"蛋糕"呢？分析好财务报表，做出正确的选择，别让遗憾反复出现。

投资人投入的资本能创造的价值越多，那么就意味着投资人的回报率也有可能越高。

1. 资本收益率

资本收益率体现的就是投资人投入的资本能够创造利润的能力，又称资本的盈利能力，也就是每投入 1 元的资本平均能获得多少元的利润。该指标越高，说明投资人实际获得投资额的回报水平越高。

资本收益率 = 净利润 / 平均资本 × 100%

其中：平均资本 = （年初实收资本 + 年末实收资本 + 年初资本公积 + 年末资本公积）/2

【例 6-6】

接【例 6-1】，方胜需要评判胜利厨具和长丰配件的资本的盈利能力，随即安排财务人员对此进行分析。两公司利润对比详见表 6-2，所有者权益对比详见表 6-12。

表6-12　两公司所有者权益2016—2018年对比

单位：万元

指标	长丰配件			胜利厨具		
	2016 年	2017 年	2018 年	2016 年	2017 年	2018 年
实收资本	600	600	600	100	100	100

续表

指标	长丰配件			胜利厨具		
	2016 年	2017 年	2018 年	2016 年	2017 年	2018 年
资本公积						
盈余公积				1	8	16
未分配利润	−189	−55	28	11	76	147
所有者权益合计	411	545	628	112	184	263

通过表 6-2 和表 6-12，方胜的财务团队很快给出了资本收益率数据，两公司资本收益率对比详见表 6-13。

表 6-13 两公司资本收益率对比

公司名称	2016 年	2017 年	2018 年
长丰配件	38.83%	22.33%	13.83%
胜利厨具	11.00%	72.00%	79.00%

从表 6-13 中可知，长丰配件虽然在 2016 年的资本收益率比胜利厨具高 27.83 个百分点，但在 2017 年和 2018 年明显下降，而胜利厨具 2018 年的资本收益率高达 79%。胜利厨具的资本收益率如此之高，也说明了胜利厨具利用资本创造价值的能力较强，同时利用负债杠杆来增加公司效益的能力也较强。这样的公司，更受投资人青睐。

如果公司使用的周转资金过度依赖投资人（股东）的投入，那么经营风险以及经营压力就会转嫁给投资人，就会促使投资人参与公司的经营与决策。

2. 净资产收益率

净资产收益率体现的是投资人投入的资本以及之后产生各种盈余形成的净资产能够创造利润的能力，又称净资产的盈利能力。该指标越高，说明企业自有资金的投资收益水平越高，运营效益越好，对投资人、债权人利益的保障程度也越高。

但净资产收益率不是一个值越大越好的指标，要有一定的度，净资产收益率过高说明企业利用借债进行资金周转的可能性较大，从而会导致借贷风险和财务风险的增加。一般情况下，这个指标与资本收益率都是评价企业资本盈利能力的，只需要分析其中一个。

净资产收益率 = 净利润 / 平均净资产 × 100%

其中：平均净资产 = （年初所有者权益 + 年末所有者权益）/2

通过表 6-2 和表 6-12，可以算出长丰配件与胜利厨具的净资产收益率，两公司净资产收益率对比详见表 6-14。

表 6-14　两公司净资产收益率对比

公司名称	2016 年	2017 年	2018 年
长丰配件	79.12%	28.03%	14.15%
胜利厨具	19.64%	48.65%	35.35%

长丰配件 2016 年年初的所有者权益金额 178 万元，胜利厨具 2016 年年初所有者权益金额为 0 万元，至 2018 年胜利厨具的净资产收益率已高于长丰配件，虽然在 2016 年还处于比较低的状态，但在 2017 年和 2018 年，胜利厨具的此项指标有所上升。胜利厨具利用净资产创造利润的能力逐渐强于长丰配件。长丰配件该指标的逐年下降也说明公司的盈利能力呈下降趋势。

6.4　企业再好，估值不涨有什么用

听过一则故事。老人的身体越来越差，几乎天天要去医院扎针。老人的儿子为方便老人看病，准备在医院附近为老人寻一户小面积的住宅。因为老人的儿子恰好手中有足够的闲余资金，又担心房主中途不租，所以就直接高价买了一户。三年后老人离世，老人的儿子便想卖掉这户住宅。有趣的是，这套房子卖掉的价格比三年前买房时还多出二十几万元。相当于白住了三年，不但一分钱房租没交，还赚了钱。

投资房产与投资企业有很多相似的地方，持有房子时可以获得房租，但远远不如房子涨价带来的收益高；持有企业股票时可以获得分红，但也有可能远远不如转让股票带来的收益高。无论是投资房产还是投资企业，都会有投资风险，投资人所期望的都是在控制风险的前提下，获得更高的利益。

尤其对于独角兽、瞪羚这样的高成长性优质企业，投资人更期望获得股权转让的溢价收益。企业的股价是否有增长空间，如何通过财务报表进行分析，就是本节要重点讲述的内容。

6.4.1　有限责任公司与股份有限公司的利益回报差异

若将正在出租的房产转让给买房人，如果买房人承诺继续保持租赁关系，那卖房人应将提前收取的租金退给买房人。这也变相降低了相当于房租的房价。投资房产与投资企业有很多相似之处，那么分红会不会影响股权转让价格呢？

有的时候分红确实会导致股价下跌，分红会造成资金永久性流出企业，资产与所有者权益同时减少。而股价与所有者权益有着紧密的联系，所有者权益降低了，当然会影响到企业的整体估值。所以分红与转让股权形成的利益真有点"鱼与熊掌不可兼得"的关系。

那么是通过分红赚钱还是通过转让股权赚钱，这是很多投资人都会纠结的问题。而这个问题的答案可能会极大地影响到投资人选择不同形式的公司。有限责任公司与股份有限公司是两种形式不同的公司，其在股东权利、股权流通性等方面都有着巨大的不同。这也使股东获利的方式有所不同。

1. 股东权利的差异

有限责任公司的股东依靠其投入公司的出资额，对公司债务承担有限责任，并享受股东的表决权、分红权等权利。也就是说，有限责任公司的股东通过所认缴的出资比例，确定其股东权利与义务的大小，也可以约定不按出资比例来行使权利和分配利益。

股份有限公司将全部资本划分为数量众多的份额，并将这些份额以股票为载体发放给股东作为持股凭证，股东根据其所持有的股票享有相应的权利与承担相应的义务，股份有限公司每股股票的定价非常明确。每股股票都代表股东对公司拥有一个基本单位的所有权。股份有限公司是严格按同股、同权、同利的原则分配利益的，不能另行约定。

2. 股权流通性不同

有限责任公司的股东转让股权是受到一定限制的。向股东以外的人转让股权，就必须获得至少半数的股东同意。即使向现有股东转让股权，一些有限责任公司在章程中也会有限制性约定。因此有限责任公司的股权流通性并不强，这也直接影响了其股权的变现能力。所以有限责任公司的股东很难完成股权转让，随时获得满意的回报。这让股东更愿意将其所持有的股权带来的收益回报放在分红上。

股份有限公司不是已经上市、上板，就是在上市、上板的道路上前进，在股权流通性上，其与有限责任公司有着非常大的差异。对于已经上市的公司来讲，股票的价格会在股权交易系统及时公布，股票的转让与流通基本不受限制，任何具备资质的投资者都可以购买这些股票，这就赋予了股份有限公司的股票更强的变现能力。因此通过出售股票的方式来获取利益回报，就是股份有限公司股东的诉求。

6.4.2　企业应为股东利益最大化服务

企业经营的目的就是获得盈利，而获得的利润也将分配给投资者（股东）。无论是短期获得的盈利，还是长期才得以取得的利润，最终都体现为企业本身的价值增加。也有观点认为企业价值最大化，就是股东利益最大化。

但也有观点认为企业的发展受益的不仅仅是股东，国家、客户、供应商、员工等群体也都在受益。比如某企业在某地区出现灾难时，无偿捐助百万元，这其实减少了企业的利润，股东当年也会为此减少分红收益。花股东的钱去捐款怎么能使股东利益最大化呢？

其实，一场履行社会责任的企业捐助行为，是可以把企业打造成全国知名企业的。投入大量资金做广告，也未必能有这样的效果，而这背后，股东才是最大的受益方。当然，我们不能说所有的社会捐助都能达到商业效果，但是企业经营本身就伴随着各种风险，而这一切的风险行为背后，股东都承担了有限责任，而期望的却是获得无限收益。

也有观点认为，企业价值最大化是指企业通过合理经营，采用最优的财务政策，充分考虑资金时间价值、风险与报酬的关系，在保证企业长期稳定发展的基础上使企业总价值达到最大。企业价值最大化的基本思想是把企业的长期稳定发展摆在首位、强调在企业价值增长的前提下满足各方的利益要求。股东利益最大化是指企业通过合理经营，给股东带来更多利益。股东投资创办企业的目的是增加财富，他们是企业的投资者，企业的发展应该追求股东最大化。因此股东利益最大化和企业价值最大化其实是两个不同的角度。

股东利益最大化和企业价值最大化看似不同，从长久看又殊途同归。

6.4.3　如何评价资本增值以及增值速度

对于通过股票交易系统直接展示股票市场价格的上市公司来说，股票转让是由投资人自由掌控的。投资人可通过随时查看股票的当天价格来决定出售或继续持有股票。对于持有非上市公司股权的投资人来说，其主要依据财务报表中所有者权益的金额以及其他影响该数据的因素确定股权的价值。资本保值增值率以及所有者权益增长率是评价资本增值以及增速最重要的两个指标。

1. 资本保值增值率

投资人可以通过资本保值增值率来判断企业资本的保值增值情况，从而判断该企业是否有投资价值。资本保值增值的决定性因素是净利润。该指标越高，表明企业的资本保全状况越好，企业发展后劲越强，投资人投资的本金也越有保障，投资人的信心越强。

资本保值增值率 = 期末所有者权益 / 期初所有者权益 ×100%

当资本保值增值率大于100%时，资本才有增值效果；若小于100%，说明企业未能达到保住资本的基本要求。

2. 所有者权益增长率

所有者权益增长率通过所有者权益的增长速度来判断资本保值增值的效率，反映企业资本的积累能力。该指标越高，表明企业的资本积累越多，持续发展和应对风险的能力也越强。

所有者权益增长率 =（年末所有者权益 − 年初所有者权益）/ 年初所有者权益 ×100%

通过表6-12，可以算出长丰配件与胜利厨具的资本保值增值率以及所有者权益增长率，两公司资本增值及增速对比详见表6-15。

表6-15　两公司资本增值及增速对比

指标	2017 年		2018 年	
	长丰配件	胜利厨具	长丰配件	胜利厨具
资本保值增值率	132.60%	164.29%	115.23%	142.93%
所有者权益增长率	32.60%	64.29%	15.23%	42.93%

长丰配件和胜利厨具2017年和2018年的资本保值增值率都超过了100%，说明两个公司都达到了基本的资本保值增值要求，相比之下，胜利厨具的资本保值增值率更高，说明胜利厨具的资本保值增值效果更为明显。

在所有者权益增长率这一指标上，胜利厨具所有者权益的增长速度明显快于长丰配件，说明胜利厨具具有更高的成长性。

在分析资本保值增值率时，需要剔除非盈利因素对资本增长的影响。所有者权益包括实收资本和资本公积，而这两个项目的变化主要是因为投资人增减投资，其引发的所有者权益总额的变动并不反映真正意义上的资本保值增值情况。另外，向投资人分红之后，也会导致所有者权益减少，所以在分析或使用这两个指标时，要剔除非盈利因素的影响。

6.4.4   评价企业是否有投资价值就靠它

对上市公司来讲，市盈率是评价其是否有投资价值的最常用且简单的指标。由于上市公司的股票价格可以通过股票交易系统直接查到，所以这个价格与其价值是否对应，可以利用市盈率进行判别。

市盈率是股票每股市价与收益的比值，反映普通股股东为获取 1 元净利润所愿意支付的股票价格。市盈率越高，代表投资人对股票的期望越高，愿意用更高的价格来购买该股票。不同行业的市盈率也会有一定的区间范围，比如传统行业的企业规模较大、经营较稳健，市盈率反而普遍偏低。发展相对较快的新兴行业、高科技企业，投资人则给予更高的期望，市盈率也普遍较高。

市盈率 = 每股市价 / 每股收益 = 市值 / 净利润

但是用市盈率衡量股票投资价值也存在缺点：一旦出现人为炒作，会使股票价格偏离其真实价值；而且市盈率都是以历史数据来计算的，并不代表未来情况，而股东购买股票，则是希望通过未来股市的价格变动来获得利益。为了让市盈率更能反映未来情况，投资人会将市盈率进行变形，进而形成静态市盈率、动态市盈率、滚动市盈率多种指标。

公司是否具有投资价值，一定要结合多种指标共同分析。

第 7 章 债权人做出决定的依据

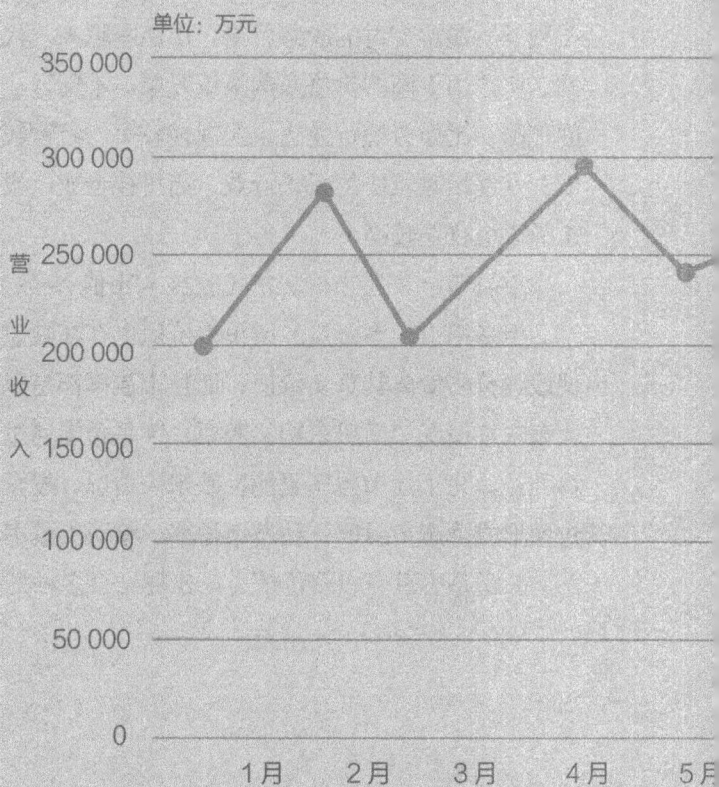

单位：万元

营业收入

350 000					
300 000					
250 000					
200 000					
150 000					
100 000					
50 000					
0	1月	2月	3月	4月	5月

月　7月　　8月　　9月　　10月　　11月　　12月

时　间

要想获得充足的现金来发展企业，就要充分利用负债杠杆，赚取更多利润。如何与债权人有效沟通，获得债权人的信任，是每个需要资金的企业经营者必须考虑的事情。财务报表就是用数据来说话的工具，给予债权人理性的分析机会。那么债权人如何通过财务报表的分析来做出是否借贷的决定呢？

债权人借债的目的，是利用手中的资金"以钱生钱"，通过让渡资金一段期间的使用权，从借款人手中获取利息报酬，但同时又要收回借款保住本金。债权人在对企业进行考察时，就要解决"这个企业还得起债吗""企业有持续的还偿能力吗""还债的资金从哪里来""凭什么相信企业有偿债能力"的问题。回答这些问题，其实就是通过财务报表分析企业的短期偿债能力、长期偿债能力和营运能力。

7.1 这个企业还得起债吗

"这个企业还得起债吗"，债权人若想得到这个问题的答案，最直接的办法就是通过财务报表查看企业最容易变现的资产是否大于欠付的债务，通常可变现资产超过债务越多，则认为偿债能力越强。除此之外，债权人还可以通过对流动比率与速动比率等反映短期偿债能力指标的分析，来判断企业快速还债的能力。

7.1.1　没有借款的企业未必是好企业

网上流传这样一句话："70后"只知道存钱，"80后"开始知道花钱，"90后"还没挣钱但敢于借钱。对于很多人来说，一旦有了负债，生活过得就不踏实了。企业经营也是如此，经营中一旦有了风险，还不起借款，那企业的经营者也会背负沉重的负担。所以要不要借款经营呢？

"世界船王"丹尼尔·洛维格拥有遍布世界各地的信贷公司、旅游公司和房产，拥有澳洲和墨西哥的钢铁厂，拥有炼油厂、煤矿及各种资源的开发公司，拥有6艘世界上最大吨位的油轮，总吨位达500万吨的世界性船队也在其名下。

船王的发家史也是极富传奇色彩的。最初的洛维格发现运油比运干货赚的钱多，于是想贷款买一条普通的旧货轮，并改造成油轮。但洛维格并没有钱。在求助多家银行后，最终有一家银行认同了洛维格的想法，洛维格因此获得了第一笔贷款。买下旧货轮改装成油轮租了出去后，洛维格又用同样的方法拿它做抵押，又贷了另一笔款，买下另一条货轮，又把它改装成油轮……就这样，他的船队日益扩大，他在世界各地不断地增设新的轮船公司来经营这些船只，最终成为靠负债起家的船王。

企业拥有一定的负债，并不是一件坏事。负债一方面可以扩大企业规模，减轻股东的投资压力；另一方面负债所支付的代价往往要低于股东的利益诉求，由于利息支出可以在企业所得税前列支，还可以起到减少企业所得税的作用。

如果企业能按时归还借款，还可以增加企业的信用指数，对企业的经营也能起到促进作用，从而使企业获得低息甚至无息且长期的资金流入。如果企业没有过任何借款及归还的行为，也使外界无法从企业的信用能力上进行评判，当企业需要大额融资时，可能谁也不愿意成为第一个吃螃蟹的人。

7.1.2 如何快速判断企业还得起债

债权人当然希望到了还款时间，企业能用货币资金偿还债款。如果企业快速变现的资产超过同期债务的金额，那么这个企业一定具备立刻还债的能力。这对于不懂财务的人来讲，也是极容易判断出来的。

流动资产是指能快速变现的资产，流动负债是指在一年之内到期的各类债务。流动资产减掉流动负债，就是营运资本。如果营运资本大于1，那么企业具备立刻还债的能力。该金额越大，企业立刻还债的能力就越强。

营运资本 = 流动资产 – 流动负债

【例 7-1】

胜利厨具成立于 2016 年夏天，以生产传统菜刀为主业。在 2017 年下半年，总经理赵末带领技术人员研发的新产品——刀架消毒一体机非常受市场欢迎。2020 年，赵末经理决定扩大生产刀架消毒一体机的厂房规模，希望融到 1 000 万元的长期借款。胜利厨具提供了 2017—2019 年资产负债表简表，详见表 7-1。

表 7-1　胜利厨具 2017—2019 年资产负债表简表

编制单位：胜利厨具　　　　　　　　　　　　　　　　　　　　单位：万元

资产	2017年	2018年	2019年	负债和所有者权益（或股东权益）	2017年	2018年	2019年
流动资产：				流动负债：			
货币资金	101	137	358	短期借款		100	
应收票据				应付账款	151	176	229
应收账款	54	42	381	预收账款		25	167
预付款项	12	21		应付职工薪酬	9	12	32
其他应收款	75	135	252	应交税费	5	12	23
存货	92	464	453	其他应付款	119	988	254

续表

资产	2017年	2018年	2019年	负债和所有者权益（或股东权益）	2017年	2018年	2019年
流动资产合计	334	799	1 444	流动负债合计	284	1 313	705
固定资产原价	178	856	897	递延收益			
减：累计折旧	44	99	158	其他非流动负债			
固定资产账面价值	134	757	739	负债合计	284	1 313	705
无形资产		20	18	实收资本	100	100	200
开发支出				资本公积			900
长期待摊费用				盈余公积	8	16	39
其他非流动资产				未分配利润	76	147	357
非流动资产合计	134	777	757	所有者权益（或股东权益）合计	184	263	1 496
资产总计	468	1 576	2 201	负债和所有者权益（或股东权益）总计	468	1 576	2 201

根据资产负债表，可以计算得出胜利厨具 2017—2019 年的营运资本情况，详见表 7-2。

表 7-2　胜利厨具 2017—2019 年营运资本

编制单位：胜利厨具　　　　　　　　　　　　　　　　　　　　　单位：万元

项目名称	2017 年	2018 年	2019 年
流动资产	334	799	1 444
流动负债	284	1 313	705
营运资本	50	−514	739

胜利厨具的营运资本在 2017 年时为 50 万元，说明全部流动资产用来偿还流动负债还会有盈余，也说明这一年的短期偿债能力不错。2018 年出现负数，也说明这一年，胜利厨具清偿债务的能力下降，增加的大量债务用于长期资产的购置，这对于企业经营是危险的信号，容易导致企业资金出现流动性困境。2019 年，胜利厨具的股东增加投资，以缓解胜利厨具的资金短缺问题，从而使得营运资本的数值迅速提升，由于投资是不能轻易减少的，所以这对债权人无疑是重大喜讯。

营运资本的计算简单，分析便捷，易于理解，可用于快速了解企业的偿债能力。

7.1.3　还债能力决定财务杠杆的成本

营运资本是一个具体的数值，虽然可以通过是否为正数来直接判断企业的偿债能力，但却很难应用于规模不同的企业之间的比对。所以在分析企业的短期偿债能力时，还可以通过比率值来消除企业规模造成的差异。短期偿债能力指标主要包括流动比率和速动比率，具体指标的计算及表达的含义详见表 7-3。

表 7-3　短期偿债能力分析指标

指标	公式	指标说明
流动比率	流动比率＝流动资产/流动负债	流动比率等于 1 时，表示流动资产刚好可以用于偿还流动负债。流动比率超过 1 时，数据越大说明营运资本抵偿短期债务的能力越强，债权人的风险越小
速动比率	速动比率＝速动资产/流动负债＝（流动资产－存货）/流动负债	速动比率相对于流动比率的要求更高，由于并非所有的流动资产的变现能力在现实操作中都那么强，所以会将流动资产扣除存货后计算速动比率。如果速动比率大于 1，则企业的偿债能力较强

通过表 7-1 胜利厨具 2017—2019 年资产负债表简表，可以计算出胜利厨具的流动比率与速动比率，详见表 7-4。

表 7-4　胜利厨具的流动比率和速动比率

指标	2017 年	2018 年	2019 年
流动比率	1.18	0.61	2.05
速动比率	0.85	0.26	1.41

1. 流动比率

胜利厨具 2017 年的流动比率超过 1，说明流动资产用于偿还流动负债的能力较强。2018 年流动比率降到 1 以下，说明胜利厨具的短期偿债能力变弱，如果出现流动负债急需要偿还的情况，不是拆东墙补西墙，就是要变卖公司长期资产来解决债务问题。2019 年流动比率增至 2.05，表明胜利厨具的偿债能力有大幅提升。

因为流动资产中有些资产的变现能力较其他资产更弱，比如存货，而流动资产中，存货的比例又相对较高，所以通常认为流动比率超过 2 时，代表企业短期偿债能力较强。也就是说，即使有一半的流动资产不能变现，其他可变现的流动资产也足够偿还流动负债。

在企业的实际运营中，除存货的变现能力较弱外，应收账款的可回收性也会受多方面因素影响，所以在分析企业的流动比率时，还要结合企业经营情况和企业所处的整体市场情况进行分析。

2. 速动比率

胜利厨具只有 2019 年的速动比率超过 1，说明这一年的偿债能力有所提升，并且达到正常水平线以上。速动比率低于 1 甚至更低时，偿债风险较大。由于胜利厨具属于制造业企业，所以速动比率的参考价值比流动比率更大。因为存货有可能发生损毁、滞销等，所以剔除存货计算的速动比率更容易反映胜利厨具的短期偿债能力。

7.2 企业有持续的还债能力吗

企业的债务有在一年内需要偿还的，这样的债务称为短期债务；还有超过一年才需要偿还的，这样的债务称为长期债务。在回答了"这个企业还得起债吗"的问题后，回答"企业有持续的还债能力吗"这一问题时，就需要通过财务报表的信息查找线索。长期偿债能力指标包括资产负债率、产权比率、权益乘数、利息保障倍数等。

7.2.1 清偿总债务的能力评估

随着时间的推移，最终企业的所有债务都要偿还。那么如果时间定格在某一天，而从这一天的资产负债表上看，如果将资产全部变现能够轻松偿还所有负债，那么这个企业的总偿债能力是比较强的。如果每月、每年末的资产负债表都能体现出总偿债能力较强的状态，那么这个企业的持续偿债能力就更加让债权人放心。

由于绝对值的数据难以被记住和比较，所以在进行长期偿债能力分析时，会使用比率，以使企业之间具备可比性。常用的指标包括资产负债率、产权比率、权益乘数，具体内容详见表 7-5。

表 7-5 指标的详细解释

指标	公式	指标说明
资产负债率	负债总额 / 资产总额 ×100%	该指标是债权人发放贷款最常用的指标之一，能确定借债的安全程度。该指标越高，说明企业形成资产的来源中债务越多，财务风险也越大，应对市场、不可抗力等突发事件的能力越弱、资金链断裂的可能性越大当资产负债率大于 100%，表明资产已经不足以抵顶债务，对于债权人来说风险非常大。这一比率在 50% 以下甚至更低时，说明偿债能力较强

指标	公式	指标说明
产权比率	负债总额 / 所有者权益	又称资本负债率，该指标将债权人与投资者提供的资金进行比对。该指标越低，表明企业债务性资金占总资产的比重越小，长期偿债能力也就越强
权益乘数	资产总额 / 所有者权益	权益乘数反映了企业财务杠杆的大小，权益乘数越大，说明股东投入的资本在资产中所占的比重越小，财务杠杆越大

通过胜利厨具的资产负债表（见表 7-1），即可计算出上述指标的具体数据，详见表 7-6。

表 7-6 胜利厨具的资产负债率、产权比率、权益乘数

序号	指标	2017 年	2018 年	2019 年
1	资产负债率	61%	83%	32%
2	产权比率	1.54	4.99	0.47
3	权益乘数	2.54	5.99	1.47

1. 资产负债率

胜利厨具的资产负债率始终没有超过 100%，说明该企业并不存在资不抵债的风险。2017 年和 2018 年该指标均高于 50%，说明资产来源主要是负债，这对于债权人来说，财务风险较大。2019 年由于股东加大了投资，使得资产负债率降到 32%，低于 50%，企业的长期偿债能力增强，这会增强债权人放款的信心。

虽然从偿债能力角度看，资产负债率越低越好。但是，资产负债率又被称为债务管理比率，就是说从投资人角度来看，投资人利益回报的期望值往往会高于借款利率计算出的实际值。当企业的资本利润率高于借款利率时，资产负债率越高越好。所以如何控制好资产负债率，用好负债杠杆，是对经营层的考验。

2. 产权比率

胜利厨具的产权比率在 2018 年几乎达到 5，也就是说负债金额是股

东投资的 5 倍，这一年的资产来源主要依靠负债，股东的超低贡献将会使债权人失去信心。产权比率又称资本负债率，反映企业财务结构的稳定性。胜利厨具的股东在 2019 年增加了出资，产权比率降到 0.47，这也就证明股东对企业有足够的信心，而债权的清偿顺序要先于股东利益，自然也就给债权人更大的保障。

但是当产权比率降至过低，也说明企业的负债杠杆失去作用，这也是股东不愿意看到的。这表明企业经营者没有通过借债而获得额外利润，过度保守的经营思想会使企业失去创收的机会。

3. 权益乘数

胜利厨具权益乘数的变化趋势与产权比率、资产负债率相同。2018 年该指标几乎达到 6，也就是说资产总额是股东投资的 6 倍，这一年的资产来源并非主要依靠股东投资及其产生的累计收益，股东的超低贡献将不利于企业通过负债来获得额外利润，使得企业资金周转变得更加困难。权益乘数在 2019 年降低至 1.47，表明长期偿债能力增强，这使负债经营的可能性也进一步加大，预示企业的规模扩大有进一步保障。

资产负债率、产权比率、权益乘数三者的评价作用相似，部分企业在做长期偿债能力分析时，可以选择其中一个指标进行分析。

7.2.2 确保债权人回报的能力

衡量负债杠杆使用的效果，就是要按企业尚未支付利息时获得的利润是利息的多少倍。如果企业的利润还不足以支付利息，那么此时再进行负债借款，无异于雪上加霜。利息保障倍数就是一个衡量企业偿付利息能力的指标。

利息保障倍数 =（净利润 + 利润表中的利息费用 + 所得税）/（当期利息费用 + 当期资本化的利息）

净利润、利润表中的利息费用与所得税又被称为息税前利润。利息保障倍数如果正好等于 1，说明息税前利润刚好可以用于支付利息。该指标越高，表明企业偿还债务的能力越强；该指标小于 1 时，企业就会面临亏损。由于企业缺少"造血"能力，债务到期很可能会出现拆东墙补西墙的情况，企业不能清偿到期债务的可能性较大。

【例 7-2】

接【例 7-1】，胜利厨具希望融到 1 000 万元的长期借款，要进行偿债能力的分析。债权人借出款项的前提是，胜利厨具的利润至少要能支付利息。胜利厨具 2017—2019 年利润表详见表 7-7。

表 7-7　胜利厨具 2017—2019 年利润表

编制单位：胜利厨具　　　　　　　　　　　　　　　　　　单位：万元

项目	2017 年	2018 年	2019 年
一、营业收入	2 183	2 752	3 715
减：营业成本	1 718	2 127	2 785
税金及附加	8	13	32
销售费用	190	254	343
管理费用	172	256	287
财务费用	−1	7	−1
二、营业利润（亏损以"−"号填列）	96	95	269
加：营业外收入		3	
减：营业外支出	12	10	4
三、利润总额（亏损总额以"−"号填列）	84	88	265
减：所得税费用	12	9	32
四、净利润（净亏损以"−"号填列）	72	79	233

计算胜利厨具的利息保障倍数，需要在胜利厨具的财务报表附注中查找数据，其中列示的 2017—2019 年的利息支出分别为 0 万元、6 万元、2 万元。胜利厨具的利息保障倍数详见表 7-8。

表 7-8　胜利厨具的利息保障倍数

指标	2017 年	2018 年	2019 年
利息保障倍数	—	15.7	133.5

　　胜利厨具在 2017 年没有贷款，主要依靠股东的投入和历年累计形成的利润来周转。2018 年开始利用贷款增加现金流转，利息保障倍数为 15.7，说明企业的盈利水平对债权人回报的保障性较高。2019 年所表现出的成绩则更为亮眼，利息保障倍数达到 133.5。对胜利厨具有投资意向的债权人看到这样的成绩，会认为企业的营运能力是值得信任的。

7.2.3　影响偿债能力的表外因素

　　由于财务报表依据会计准则编制，这使得很多有可能发生的债务，只要尚未实际发生，就无法体现在财务报表中。但这些债务是企业未来发展的潜在隐患，当这些隐患发生的概率越来越大时，如果对胜利厨具有投资意向的债权人无法从财务报表中获得此类信息，仅通过财务报表对企业的偿债能力进行分析，就有可能出现重大错判。

1. 企业信誉信用情况

　　一个信誉不好的企业，财务报表的数据再漂亮，也会被人理解为是经过粉饰的。所以要赢得债权人的信任，前提是要有好的信誉。但是企业的信誉很难有一个量化的标准，很多人在评价企业的信誉时，会通过其产品质量、对社会的贡献等来了解其是否有社会责任感。

　　当国家有困难时，若企业主动伸出援手，我们通常会认为这个企业的信誉较好。鸿星尔克在 2021 年郑州水灾时的捐款，曾一度上了"热搜"，人们会认为这样有社会责任心的企业，信誉自然不错，产品质量一定是好的，债一定是会还的。

　　所以信誉往往更多是一种感性的观察，虽然不够理性，但会影响到债权人对企业的评价。在银行信用体系中，会用量化的指标来评价企业的信用水平。这种量化的信用可靠性更高，使企业粉饰财务报表的可能性降低。所以债权人可以通过企业的银行授信额度，对企业的信誉进行判断。

通常，银行授信额度是指企业从银行可直接获得的借贷款额度，是商业银行给予的信用额。只要借款额不超过信用额，借款人在该额度内就可以循环借用和归还。授信额度越大，企业偿还债务的能力就越强。

2. 为他人提供担保

企业为他人的债务提供担保，看似与本企业无关，也并非企业自身的债务，但他人无法偿还债务会导致本企业的损失。这就是典型的"为他人的错误买单"的行为，这种损失往往是不可控的。由于这种可能存在的损失，不会记录在企业的账簿并体现在财务报表中，那么就需要债权人提前对此进行了解，不要因为企业对外的担保影响了对企业长期偿债能力的分析。

3. 正在进行的诉讼

企业诉讼失败，会影响企业的偿债能力。已经判决的诉讼在执行后，就会记录到账簿中并在财务报表中形成相关数据。如果企业没有及时执行，也没有及时记录在账，经过判决的诉讼一般可以在相关网站中查到。只要债权人通过网络对企业的相关信息进行排查，便可以知道。

但是正在进行的诉讼，则很难被查到。一旦判决败诉，可能会影响企业的偿债能力。所以在评价企业长期偿债能力时，要考虑未决诉讼的潜在影响，可以多了解企业是否存在诉讼事宜，且预判败诉的概率。如果无法判断败诉的概率，可以将其全部列为可能发生的债务，再进行长期偿债能力分析。

7.3　还债的资金从哪里来

企业形成的债务中，有的源于货币资金，有的源于欠付的货款和劳务款项。但除了提前支付部分货款或劳务款项的债权人希望得到合约中的劳务或者货物外，其他债权人希望获得的都是货币资金。

企业需要有足够的变现能力来经营、偿还债务、购买资产。而企业经营货币的能力从资产负债表和利润表中是无法查询到的，这就需要学会分析财务报表中的第三张报表——现金流量表。本节将主要介绍如何分析现金流量表，以及现金流量表对偿债能力分析的重要作用。

7.3.1　如何评价企业综合的支付能力

既然归还债务基本全部依靠货币资金，那么对企业变现能力的分析，首先就要分析现金流量表中现金的流入和流出情况。现金流量表中的现金流量净额由经营活动产生的现金流量净额、投资活动产生的现金流量净额和筹资活动产生的现金流量净额三个部分构成。除了金融企业和准金融企业外，投资与筹资均非企业的主业，所以评价企业的综合支付能力，关键是看企业通过经营活动产生现金流量净额的能力。

具体的评价指标主要包括现金比率、现金流量比率、现金流量利息保障倍数，其公式与含义详见表 7-9。

表 7-9　企业综合支付能力指标说明

指标	公式	指标说明
现金比率	货币资金 / 流动负债	该指标比速动比率的可靠性更高，表明企业立即支付债务的能力，其剔除了应收账款等仍存在变现等不确定因素的影响，直接用货币资金进行比对。在一定范围内，该指标越高，企业的短期偿债能力越强，也说明企业的货币资金充裕，足以支付所有流动负债 但是该指标如果过高，也说明企业可能存在现金利用不足、大量货币滞留企业不能流入创收环节等情况，会造成盈利能力的下降
现金流量比率	经营活动产生的现金流量净额 / 流动负债	现金流量比率越高，说明企业通过经营创造现金的能力越强，企业维持运营、支撑发展的现金如果主要依靠经营活动产生的现金流量净额，那么企业的健康程度也就较高。通常这个指标在 0.5~1，被认为是正常的
现金流量利息保障倍数	经营活动现金流量净额 / 利息费用	该指标能够反映出经营活动产生的现金流量净额对归还利息的保障能力。这个指标属于正值分析指标，如果小于零，则没有分析价值。通常这个指标应超过 1，数据越高，证明经营活动产生的现金流量净额对利息的保障程度越高

【例7-3】

接【例7-1】【例7-2】，胜利厨具希望融到 1 000 万元的长期借款，要进行综合支付能力的分析。胜利厨具 2017—2019 年现金流量表详见表 7-10。

表 7-10 胜利厨具 2017—2019 年现金流量表

编制单位：胜利厨具 单位：万元

项目	2017 年	2018 年	2019 年
一、经营活动产生的现金流量：			
销售商品、提供劳务收到的现金	2 587	3 219	4 727
收到其他与经营活动有关的现金	95	1 002	445
经营活动现金流入小计	2 682	4 221	5 172
购买商品、接受劳务支付的现金	1 872	2 720	3 052
支付给职工以及为职工支付的现金	125	180	262
支付的各项税费	75	25	68
支付其他与经营活动有关的现金	537	653	2 426
经营活动现金流出小计	2 609	3 578	5 808
经营活动产生的现金流量净额	73	643	−636
二、投资活动产生的现金流量：			
收回投资收到的现金			
取得投资收益收到的现金			
投资活动现金流入小计			
购建固定资产、无形资产和其他长期资产支付的现金	23	698	41
投资支付的现金			
投资活动现金流出小计	23	698	41
投资活动产生的现金流量净额	−23	−698	−41

项目	2017 年	2018 年	2019 年
三、筹资活动产生的现金流量:			
吸收投资收到的现金			1 000
取得借款收到的现金		100	
收到其他与筹资活动有关的现金			
筹资活动现金流入小计		100	1 000
偿还债务支付的现金			100
分配股利、利润或偿付利息支付的现金		6	2
支付其他与筹资活动有关的现金		3	
筹资活动现金流出小计		9	102
筹资活动产生的现金流量净额		91	898
四、汇率变动对现金及现金等价物的影响			
五、现金及现金等价物净增加额	50	36	221

通过胜利厨具的资产负债表（见表 7-1）和现金流量表（见表 7-10），以及财务报表附注中列示的 2017—2019 年的利息支出（分别为 0 万元、6 万元、2 万元），即可计算出企业综合支付能力指标的具体数据，详见表 7-11。

表 7-11　企业综合支付能力指标

序号	指标	2017 年	2018 年	2019 年
1	现金比率	0.36	0.10	0.51
2	现金流量比率	0.26	0.49	−0.90
3	现金流量利息保障倍数	—	107	<0

1. 现金比率

胜利厨具的现金比率在 2017 年与 2019 年都超过 0.20，分别达到

0.36 和 0.51，说明胜利厨具快速还债的能力较强。在分析现金比率时，债权人一般不会同时要求企业刚性兑付所有短期负债。所以通常只要企业的速动比率达到 1，就会认为其偿债能力可靠，而按照货币资金的占比经验，现金比率达到 0.20 即被视同速动比率达到 1 的效果。

胜利厨具在 2018 年的现金比率降到 0.10，当年的快速偿债能力就值得债权人关注。经分析 2018 年货币资金较少，是因为企业大量购置设备，且均是在企业进入快速发展时期的正常投入行为。2019 年股东追加投资，使得胜利厨具的现金比率迅速回升。

如果现金比率过高，债权人会质疑胜利厨具的管理层没有让货币资金最大限度地发挥作用，而滞留在企业。所以当现金比率过高时，要分析企业的行为是否符合企业所处的生命周期的特征。

2. 现金流量比率

正常情况下，企业的现金流入应当以经营活动产生的为主，以收回投资、分得股利、获得外债取得的现金为辅，这样的结构更加合理。该指标的及格线是 0.5，而胜利厨具的现金流量比率在 2017 年和 2018 年分别为 0.26 和 0.49，这时的现金流量比率尚未达到及格线，这也给债权人提供了预警信息。

2019 年胜利厨具的表现则更是让人不满意，当年经营活动产生的现金流量净额为负值，而整体的现金流量净额为正，这也说明胜利厨具在当年主要的现金来源是股东的投资。

企业经营活动产生的现金流量净额，能否在下一年度扭转局面，也需要通过其他更多指标进行综合性分析。

3. 现金流量利息保障倍数

与利息保障倍数有着很大的相似处，现金流量利息保障倍数也是用来评价对利息的保障程度的指标。但以利润为基准的利息保障倍数具有很大的不确定性、主要在于利润的核算依据的是权责发生制，一旦利润的形成有大量的未收回应收账款，那么利润并非都能转化为现金。而企业支付利息则必须使用现金，所以使用现金流量利息保障倍数分析对债权人更有保障。

胜利厨具在 2017 年没有借款形成的利息支出，无须分析。在 2018 年现金流量利息保障倍数达到 107，只要该数据超过 1，就说明企业经营活动产生的现金流量净额足够支付利息，而当年该指标高达 107，说明企业对利息的保障程度相当高。2019 年，胜利厨具经营活动产生的现金流量净额为负值，具体原因是胜利厨具利用当年股东投入的资金偿还上一年度经营活动形成的其他应付款，导致本年度经营活动产生的现金流出增多。这也与 2018 年经营活动产生的现金流量净额过高相对应。

7.3.2 经营活动产生的现金流量净额为负的企业要关注什么

现金流量表是财务报表的基本报表之一，企业的一切经济活动都要通过现金进行周转，所以该表非常重要。一旦企业的现金存量无法支撑企业的经济活动，企业就很有可能面临破产。资不抵债并非企业破产的条件，就算资产大于负债，但是企业无法偿还到期债务，仍有可能被债权人起诉而进入破产程序。

企业经营活动产生的现金流量净额为正数，证明企业有足够的"造血"能力，不需要通过外部融资这种"输血"方式也可以存活。融资只是为了让企业更好、更快地运转，所以经营活动产生的现金流量净额越大，企业净利润的含金量就越高，销售的回款能力就越强，财务压力就越小。有人认为在评价企业综合支付能力时，若经营活动产生的现金流量净额为负数，那么所有的指标也就不具备分析价值了。但事实真是如此吗？经营活动产生的现金流量净额为负数，企业的经营就真的出现资金链断裂的风险了吗？

通常情况下，经营活动产生的现金流量净额为负数时，有以下几种可能性。

（1）当经营活动产生的现金流量净额为负数，投资活动产生的现金流量净额为负数，筹资活动产生的现金流量净额为正数时，可以认为企业处于创业期。这个时期的特征是：企业主要的资金来源于股东的投资，刚刚形成生产能力，正处于开拓市场的状态，经营活动产生的现金流量净额出现负数也属于正常现象。

（2）当经营活动产生的现金流量净额为负数，投资活动产生的现金流量净额为正数，筹资活动产生的现金流量净额为负数时，可以认为企业正接近衰退期。企业的回款能力可能已变弱。回款能力往往代表着企业的行业竞争力，而回款能力弱代表行业竞争加剧，出现新的替代产品，导致企业不得不通过延长回款周期来挽留客户。企业也有可能正面临产品的市场占有率下降的局面。当经营活动产生的现金流入小于流出导致资金周转困难时，企业为了应付债务不得不大规模收回投资以弥补现金不足。

但如果企业的净利润为正数，有可能是因为企业短暂性出现销售回款难的情况，也可能出现原材料价格上涨而大量囤积原材料的情况。所以仅凭一个期间的现金流量表来分析企业，往往不够客观。

（3）当经营活动、投资活动以及筹资活动产生的现金流量净额均为负数时，可以认为企业处于衰退期。此时企业已经失去"造血"能力，经营恶化，连年亏损，企业的关注点应该是如何获得外部资金援助，以渡过难关，走出濒临破产的绝境。如果持续几个期间都存在这种现象，那么这个企业就需要被谨慎对待。

7.3.3 各种现金流都为正的企业是不是好企业

当企业现金流量表中显示经营活动、投资活动、筹资活动产生的现金流量净额均为正数时，也未必证明企业是优质的且处于没有风险的状态。

首先，经营活动产生的现金流量净额是正的，说明企业正常经营运转并且营业收入可观。企业经营的目的就是实现盈利，卖出产品获取收益是非常最正常的事情。

投资活动产生的现金是正的，有两种可能性：要么企业选择的投资产品都取得了回报，获得股利或利息；要么企业通过变卖家产降低经营风险。但两种不同的投资活动产生的现金流入对经营、筹资活动也会产生很大的影响。

如果企业是因为投资活动产生的现金流量净额看到投资的好处，筹集资金来进行大规模投资，那也未尝不可，此时筹资活动产生的现金流量净额是正的也毋庸置疑。但如果投资活动产生的现金流量净额是通过变卖家产获得的，那就没有筹集资金的必要了。这不禁让人怀疑财务报表的可信度和真实性。

筹资活动产生的现金流量净额为正数，说明企业能够从债权人或者投资人手中继续筹集到资金，企业经营情况良好。

当三种活动产生的现金流量净额均为正数时，多半企业正处于快速成长期。处于这一期间的企业应该关注其成长是否均衡，有的企业会盲目扩张，管理水平与人才没有及时跟进，导致成长期所处时间偏短，这反倒不利于企业的发展。各种现金流都为正的企业也应该随时保持警惕。

7.4 凭什么相信企业有偿债能力

企业利用股东的投资获得了长期资金的支持，可以没有压力地进行生产经营。利用负债获得的资金，需要利息的回报，但如果获得的利益高于利息支出，那么负债杠杆就发挥了帮助企业快速扩张的作用。

偿债能力分析的缺点是通过静态的资产负债表进行分析，而每到资产负债表日，企业可能会通过粉饰达到调整资产负债表数据的目的。那么如何让债权人相信企业的偿债能力是持续且有效的呢？这时就需要应用保障偿债能力的另外一套指标——营运能力指标分析。

营运能力是指企业利用各项资产赚取利润的能力，反映企业对经济资源管理、运用的效率。企业资产周转越快，流动性越高，企业的营运能力就越强，运用各项资产获取利润的速度就越快，清偿债务的能力也就越强。相信所有债权人都愿意看到忙碌、资产周转高效的债务人。

分析企业营运能力的指标主要包括资产周转率、固定资产周转率、存货周转率、应收账款周转率等。

7.4.1　资产周转速度决定企业运营效率

为什么说资产周转的速度快，企业的营运效率就高，清偿债务的能力就能够被信任呢？

有一个著名的商人在弥留之际，给了膝下两个儿子各装有 100 个金币的布袋，要求他们到其他城市谋生，一年以后，谁布袋里的金币多，谁就能够继承他的遗产。

大儿子到了 A 城市，决定用 100 个金币做粮食生意，他认为粮食是必需品，这个生意最保险。水稻在春季收割后，大儿子销售粮食连本金赚到了 130 个金币。到了秋季，大儿子将 130 个金币投入水稻的收购，这一次连本金共赚了约 170 个金币。

小儿子到了 B 城市，发现城市里的人很喜欢穿漂亮的衣服。他决定做布匹生意，将用 100 个金币从 A 城市买的布匹运到 B 城市，可以净赚 10 个金币，此时小儿子手里已经有 110 个金币。再在 B 城市用 110 个金币购买木材运回 A 城市，又可以连本金赚到 121 个金币。每往返一趟只需要三个月，一年内可以往返四趟，这样到了一年后，小儿子有约 214 个金币。

商人的两个儿子，拿着相同的本金，一年后获得的收益却不相同。小儿子每一次本金的投入，只有 10% 的毛利率，但周转了八次。大儿子每一次本金的投入，可以达到 30% 的毛利率回报，但在一年内只周转了两次。所以资产的周转速度对利润的影响是巨大的。

资产的周转速度可以用次数来表示，商人大儿子所经营资产的周转次数是一年两次，而小儿子所经营资产的周转次数是一年八次。资产的周转速度也可以用天数来表示，商人大儿子所经营资产每周转一次用半年，而小儿子所经营资产周转两次才用三个月。资产周转速度的指标及具体公式与解释详见表 7-12。

表 7-12　资产周转速度指标

指标	周转次数	周转天数
流动资产周转率	营业收入 / 流动资产	365/（营业收入 / 流动资产）
非流动资产周转率	营业收入 / 非流动资产	365/（营业收入 / 非流动资产）
总资产周转率	营业收入 / 总资产	365/（营业收入 / 总资产）
指标说明	周转次数越多，表明企业资产创造营业收入的能力越强。反之，则说明财务流动风险相对越高	周转天数越短，表明周转越快。反之，则说明资产创造营业收入的能力越弱

通过胜利厨具的资产负债表（见表7-1）及利润表（见表7-7）可计算出胜利厨具的资产周转速度，详见表7-13。

表 7-13　胜利厨具资产周转速度的指标

序号	指标	2017 年		2018 年		2019 年	
		周转次数	周转天数	周转次数	周转天数	周转次数	周转天数
1	流动资产周转率	6.5	56	3.4	106	2.6	142
2	非流动资产周转率	16.3	22	3.5	103	4.9	74
3	总资产周转率	4.7	78	1.7	209	1.7	216

1. 流动资产周转率

流动资产周转率可以说是反映企业管理水平的重要指标之一。胜利厨具的流动资产周转次数在三年中由 6.5 减少到 3.4，最后降至 2.6，而流动资产周转天数也从最早的 56 天降至 2019 年的 142 天。这都表明企业管理能力呈现下降的趋势。下降的原因是什么呢？从胜利厨具的利润表上可以看出，2018 年的营业收入有所增长，但流动资产增幅更大，这也符合从创业期到成长期过渡的特点，企业经营层有可能在这个阶段会忽视对企业管理水平的提高。

要公允地评价胜利厨具的流动资产周转率是否处于正常水平，就需要将其与处于成熟期的同行业企业的流动资产周转率进行比较，如果偏低，则胜利厨具需要在保持发展速度的同时，加强对资产的管理。如果 2019 年的流动资产周转率尚未低于同行业平均水平，那么这种降低仍处在可以接受的范围。处于成熟期的同行业企业的数据可以在上市公司的年报中查找。

2. 非流动资产周转率

非流动资产周转率是评价企业对长期资产投入和管理能力的重要指标之一。胜利厨具的非流动资产周转次数由 2017 年的 16.3 骤然减少到 2018 年的 3.5。原因是胜利厨具在 2018 年增购了近 700 万元的固定资产。可以看出，胜利厨具为进一步扩张，加大了长期资产的投入。2019 年非流动资产周转次数提升到 4.9，说明这种投入在 2019 年的销售中开始发挥作用。

非流动资产周转率更适合针对有投资预算或者项目管理的企业进行分析，用来确定长期资产的投资是否达到预期目的。

3. 总资产周转率

胜利厨具的总资产周转次数从 2017 年的 4.7 减少至 2018 年的 1.7。这与胜利厨具正处于成长期的扩张战略有关，大量购置固定资产，同时营业收入也在迅速增长，但管理水平的提高显然没有达到与企业扩张同步的状态。但这是每个成长中的企业必经的道路，反而体现了一个朝气蓬勃的企业应该具备的特征。

但是胜利厨具也应该在成长期关注资产增长的速度，不能盲目扩张，要提高资产利用率，要最大限度地发挥资产价值，积极创造更好的业绩。如果不能平衡资产的投资与销售水平，那么企业很可能从成长期直接进入衰退期。

7.4.2　固定资产如何转化成产品价值

固定资产是企业在生产产品中必需的资产，其价值通过不断被使用，在磨损中转化到产品成本中。但是企业的资金有限，购买固定资产会大量长期占用企业资金，使得流动资金减少。而且大部分固定资产都是为企业生产量身定制的，变卖困难，不仅不容易变现，流动性也比较差。如果出现短期债务到期情况，即使固定资产再多，一时之间也解决不了还债问题，让企业陷入困境。

固定资产周转率是评价固定资产形成产品利润能力的指标，表达方式包括固定资产周转次数和固定资产周转天数等。

1. 固定资产周转次数 = 营业收入 / 平均固定资产净值

其中，平均固定资产净值 =（年初固定资产净值 + 年末固定资产净值）/2。该指标越低，说明固定资产周转速度越慢，利用率越低，其对企业经营的贡献就越小。

2. 固定资产周转天数 =365/ 固定资产周转次数

该指标与固定资产周转次数相反，天数越少，说明企业能够用越少的固定资产投入，换取越大的产品收益，也说明固定资产的结构越合理，企业的营运能力越强。

通过胜利厨具的资产负债表（见表 7-1）及利润表（见表 7-7），可计算出胜利厨具的固定资产周转率，详见表 7-14。

表 7-14　胜利厨具固定资产周转率

序号	指标	2017 年	2018 年	2019 年
1	周转次数	16.4	6.2	5.0
2	周转天数	22	59	73

2017 年年初固定资产净值为 133 万元，胜利厨具固定资产的周转次数从 2017 年的 16.4 减少到 2018 年的 6.2，后又降至 2019 年的 5。周转天数的变化趋势与周转次数相反，逐年增加。这就说明公司固定资产利用率逐年下降，这与胜利厨具在 2018 年大量购置固定资产有关。而营业收入的增长速度显然不如固定资产的增长速度。

但对正处于创业期和成长期企业的分析，不应只停留在企业的历年数据纵向分析上，还应该与处于成熟期的同行业企业相应指标进行对比，以确定指标是否仍在合理区间。

7.4.3　存货的周转效率是债权的重大保障

企业的经营应以长期发展为目标，追求源源不断的收益。获取利润的方式有很多种，如通过销售产品、对外投资获得收益，销售固定资产也能为企业带来利润。但通过生产并销售产品获取利润才是企业长久发展的根本。

存货周转速度是评价企业营运能力的重要指标。生产的产品如果畅销，市场的竞争力强，那周转速度自然也很快。产品如果没有竞争力，长时间积压，周转速度慢，说明企业的盈利能力较弱。所以存货周转速度快是企业盈利能力强的保障。

存货周转次数 = 营业成本 / 平均存货余额 = 营业成本 /[（存货余额年初数 + 存货余额年末数）/2]

存货周转天数 =365/ 存货周转次数

通过胜利厨具的资产负债表（见表 7-1）及利润表（见表 7-7），可计算出胜利厨具的存货周转率，详见表 7-15。

表 7-15　胜利厨具存货周转率

序号	指标	2017 年	2018 年	2019 年
1	周转次数	15.34	7.65	6.07
2	周转天数	24	48	60

2017 年年初存货余额为 132 万元，胜利厨具存货周转次数从 2017 年的 15.34 减少到 2018 年的 7.65，又减少至 2019 年的 6.07。周转天数的变化趋势与周转次数相反，呈现出增长的趋势。这与胜利厨具在 2018 年研发的新产品有很大的关系。而营业收入的增长速度显然与研发新产品

的销售量息息相关。

但对正处于创业期和成长期企业的分析，不应只停留在企业历年数据的纵向分析上，并且存货周转次数也并非越多越好，如果存货量太低，可能会出现不能满足基本流转需要的情况。还应该与处于成熟期的同行业企业相应指标进行对比，以确定指标是否仍在合理区间。

7.4.4　应收账款回收快让资金效率更高

企业的应收账款在资产中具有举足轻重的地位。应收账款如能及时收回，资金使用效率便能大幅提高。应收账款周转率是评价应收账款周转速度的指标，但是这个指标并非适合所有企业，因为应收账款在实际业务中有较大的局限性。

首先，营业收入并不都是赊销产生的，而应收账款一定是赊销过程中形成的。有的企业以现销为主，则无法用应收账款周转率评价企业的营运能力。有的企业产品的季节性较强，人为干扰因素较多，所以在使用这个指标来评价企业的营运能力时，应先了解应收账款的构成。

应收账款周转次数 = 营业收入 / 平均应收账款余额 = 营业收入 /[（应收账款余额年初数 + 应收账款余额年末数）/2]

应收账款周转天数 =365/ 应收账款周转次数

通过胜利厨具的资产负债表（见表 7-1）及利润表（见表 7-7），可计算出胜利厨具的应收账款周转率，详见表 7-16。

表 7-16　胜利厨具应收账款周转率

序号	指标	2017 年	2018 年	2019 年
1	周转次数	58	57	18
2	周转天数	6	6	20

2017 年应收账款年初余额为 21 万元，胜利厨具的应收账款周转次数

在 2017 年显示为 58 次，周转天数为 6 天。在 2018 年，新产品投入市场后，很受欢迎，这体现为应收账款周转次数有所增加。2019 年在新产品大量投入市场后，公司改变了赊销的政策，也导致应收账款周转次数减少至 18。经过与同行业企业比对后，该指标仍处于较低水平，这表明胜利厨具在销售政策上还可以更大胆。

第8章 管理者巧用财务报表信息

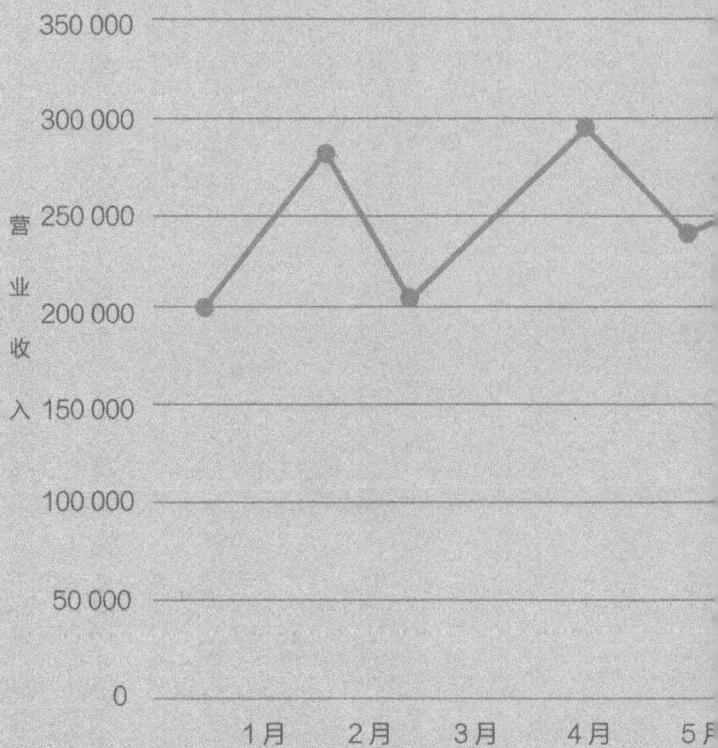

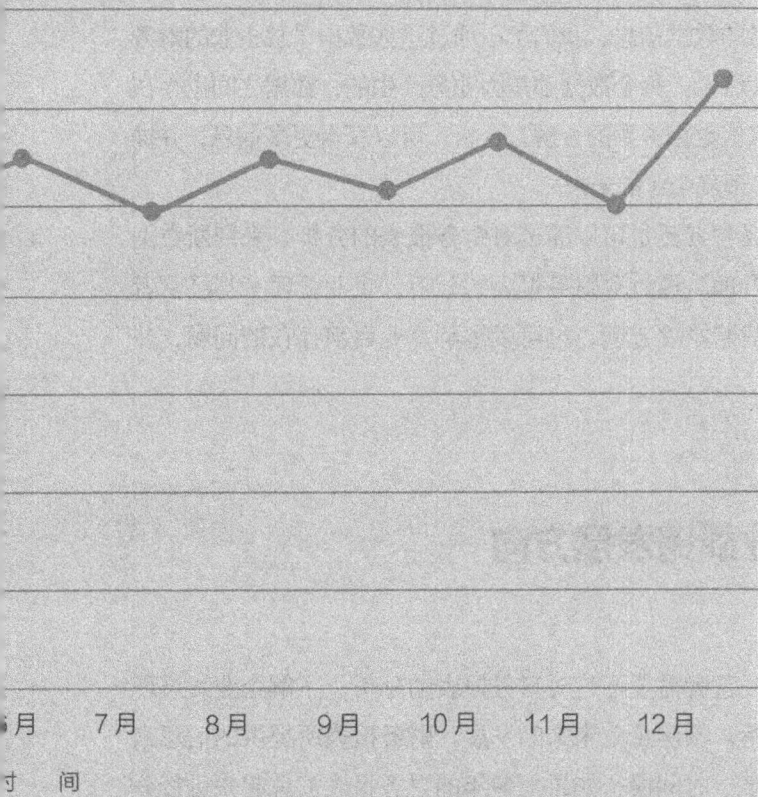

　月　　　7月　　　8月　　　9月　　　10月　　　11月　　　12月

时　间

　　财务报表提供大量的数据信息，我们可以通过这些数据了解企业的财务状况、经营成果和现金流量。每个数据都是因业务产生的，数据之间也存在着一定联系。通过对这些数据关系的分解、分析，可以获得更多信息，并推断企业是否存在问题，预测企业的未来。

　　企业的管理者与经营者更是可以通过对财务报表的分析，来判断数据产生的原因是否真实合理。通过对财务报表的分析，企业管理者与经营者不但可以确定并调整战略发展方向，也可以了解企业目前存在的问题，并采取应对措施等。

8.1　调整企业战略发展方向

　　企业的管理者与经营者需要通过对财务报表的分析，了解企业发展现状，通过对现状的分析，预测企业未来的发展。财务报表所提供的信息来源于某一时间点或者某一时间段，如果把多年的财务报表汇总起来进行分析，就可以得到更多数据信息。

　　可通过分析数据变动的趋势、各种比率变化的情况，来分析整个行业对企业的影响；也可以分析区域市场对企业是否存在制约，进而分析企业未来的战略发展方向是否需要进行相应的调整，产品结构是否需要重新整合，产业结构是否需要向上下游延伸，专业化发展和多元化发展哪个更适合企业的未来发展。

8.1.1 分析财务报表决定产品结构的调整

企业经营者所规划的企业发展方向从战略上决定了企业未来能走多远，而经营什么样的产品就是战术上最核心的决定。企业可以经营的产品有很多种，但其拥有的资源是有限的，是把这些资源分散到不同的产品中，还是集中资源，投入某一种市场认可的产品中？如何选定产品，利用有限的资源获得最大的效益，是企业经营者必须要做出的判断。

好的产品是经得起市场检验的，产品投入市场一段时间后，会形成大量数据。企业经营者通过财务报表，可以判断产品的发展前景。

【例 8-1】

李经理的钓竿公司在成立之初，主要生产、销售传统钓竿，公司的发展一直较为平稳。2017 年李经理首次创新，在钓竿上加上手绘图案，增加了手绘钓竿和手绘钓竿套装。这也是李经理为了提升产品的竞争力，在产品中加入潮流元素，在团队中提出创新发展公司理念后，团队共同努力的成果。2017—2019 年钓竿公司产品的收入及其占比情况详见图 8-1。为更直观地表达数据，百分数采用整数显示，由于四舍五入，可能存在些许误差。

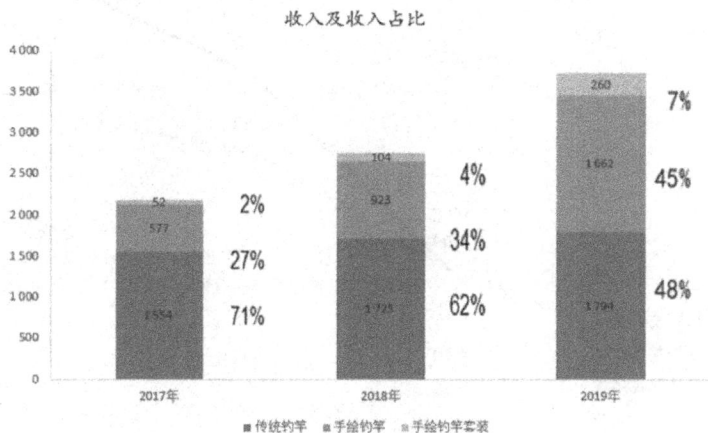

图 8-1 2017—2019 年钓竿公司产品的收入及其占比

从图 8-1 中可以看出，钓竿公司 2017—2019 年三年总收入分别为 2 183 万元、2 752 万元、3 716 万元，总收入一直处于增长势态。

公司主营三种产品，其中传统钓竿的营业收入在公司总收入中一直占据主要地位，对公司总收入的贡献最大。但是从结构上看，传统钓竿的营业收入占比从 2017 年的 71% 逐步下降至 2019 年的 48%，而手绘钓竿的营业收入占比则从 27% 上升至 45%。虽然手绘钓竿的营业收入占比很高，但传统钓竿是公司的主要产品，产量一直在增长，所以传统钓竿的地位不容忽视。

2020 年年初，在制定公司预算时，公司的高管之间产生了争论。是否持续加大手绘钓竿的产量？公司的生产车间有限、周转资金也有限，如果保持传统钓竿的生产规模，那手绘钓竿的产量就会在一定程度上被限制。有限的资源是更多地分配给传统钓竿，还是手绘产品呢？李经理陷入思考。

财务部门随后又提供了三种产品 2017—2019 年营业收入增长率的相关数据，详见图 8-2。

收入增长率

	2017年收入增长率	2018年收入增长率	2019年收入增长率
传统钓竿增长率	0.13	0.11	0.04
手绘钓竿增长率	0.00	0.60	0.80
手绘钓竿套装增长率	0.00	1.00	1.50

图 8-2　2017—2019 年钓竿公司各产品营业收入增长率

虽然公司三种产品的营业收入都在逐步提高，但是三种产品的营业收入增长率却呈现出不同的发展趋势。传统钓竿的增长速度明显是下降的，而另外两种手绘产品于 2017 年投入市场，增长态势强劲，手绘钓竿套装的增长最为强劲。

李经理分析传统钓竿营业收入增速下降的原因有两个：一是近两年研发手绘产品，公司的资源更多地向新产品倾斜，导致上层领导对传统钓竿的关注度不够；二是传统钓竿在 2019 年的市场达到一定的饱和度，虽然传统钓竿营业收入持续增长，但是如果不采取开拓新市场的手段，传统钓竿的增速不仅会下降，还有可能出现负增长。

李经理又分析了手绘产品的情况，手绘产品的增速高主要是因为新产品结合了潮流元素，被消费者喜爱，在市场上的认可度逐步提高。手绘钓竿套装是新研发出来的产品，截至 2019 年年底，虽然增速快，但销量很低，还不具有代表性。

随后，李经理又分析了三种产品的毛利率。钓竿公司各产品的毛利率详见图 8-3。

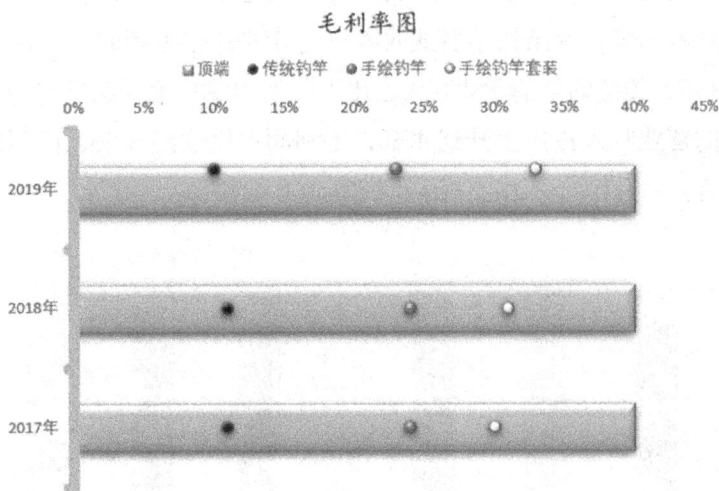

图 8-3　2017—2019 年钓竿公司各产品的毛利率

图 8-3 显示，传统钓竿的毛利率一直在 10% 左右，且有降低趋势，

而手绘钓竿的毛利率始终超过 20%，手绘钓竿套装的毛利率则均超过
30%。手绘钓竿套装在市场上几乎没有竞争对手，毛利率还有增大的趋
势。2017—2019 年钓竿公司各产品的营业收入及毛利润占比对比如图 8-4
所示，从图中可以看出，手绘产品对利润的贡献逐渐增大。

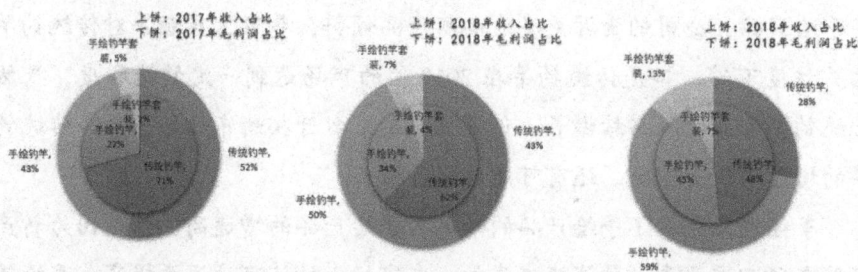

图 8-4　2017—2019 年钓竿公司各产品的营业收入及毛利润占比对比

2017 年传统钓竿的营业收入占比达到 71%，但是毛利润只占 53%；
手绘钓竿虽然营业收入只占 27%，但毛利润占 43%。在 2018 年，传统钓
竿的营业收入占比仍然较高，达到 62%，但是毛利润占比已经降到 50%
以下，只占 43%；手绘钓竿营业收入只占 34%，但毛利润占 50%。而到
了 2019 年，传统钓竿的营业收入占比下降到 48%，毛利润只占 28%；手
绘钓竿的营业收入占比上升到 45%，毛利润占比达到 59%，而同期的手
绘钓竿套装的毛利润占比也达到了 13%。

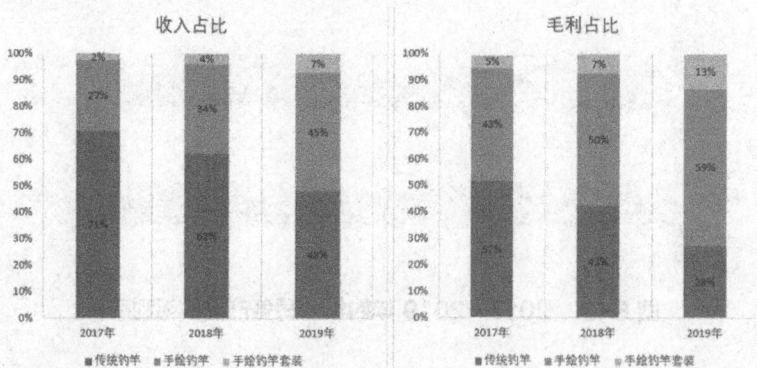

图 8-5　2017—2019 年钓竿公司各产品的营业收入及毛利润占比

图 8-4 和图 8-5 直观地展示了不同产品对利润的影响情况。通过对财务报表的分析，李经理很笃定地认为，不仅市场对手绘产品的认可度高，而且手绘产品的利润率高也是不争的事实。随后在召开的中高层管理会议上，李经理做出以下判断。

（1）传统钓竿是最初公司营业收入的"领头羊"，为公司的平衡发展做出了巨大贡献，生产传统钓竿的部门取得了不错的业绩。其销量虽然一直在增长，但增速下降，证明本地市场已达到饱和。传统产品属于刚需产品，一直在增长的销量可以间接证明其完全被淘汰在短期内不会出现，但是毛利率会逐步下降已经是不争的事实。

（2）手绘钓竿相比传统钓竿，营业收入和毛利润呈阶梯式增长，说明产品市场前景一片大好。仅从营业收入和毛利润指标来看，手绘钓竿的发展前景更为乐观，那么公司资源向手绘钓竿倾斜也并无不妥。

（3）手绘钓竿套装的毛利率可观，但销售量整体不高，增速较快，产品的单价较高，也在一定程度上影响了销售量。按 2017—2019 年的发展态势，手绘钓竿套装更受年轻、追求时尚的人喜欢，会成为构成公司利润的主要产品。

基于上述判断，李经理与中高层人员进行了深度讨论，最终确定将手绘产品作为未来公司的主打产品，无论是车间的扩大、手绘团队的培养，还是手绘产品的研发均加大资金以及人员精力的投入。

李经理通过对营业收入与毛利润的历史数据进行分析，来决定选择什么样的产品作为公司发展的重点产品。利用数据分析可以更理性地判断消费者的需求和喜好，管理层据此做出的决策更有说服力，能让团队更加坚定不移地执行决策。对产品结构的分析主要运用以下几种方法。

1. 产品营业收入结构比分析与营业收入增长率分析

产品营业收入结构比分析是将每一个年度各产品的收入占比进行对比，据此分析在某个时期，创收的主要产品包括哪些，再对重点产品进行相应的市场分析。

营业收入增长率分析是将重点产品的每年营业收入增长数与上年营

业收入数进行比对，计算当年的增长率，再对连续几年的增长率进行分析，剔除数据统计有误等因素，以分析市场的饱和情况、应采取何种销售政策等。

2. 产品营业收入占比分析与产品毛利润占比分析

产品毛利分析占比分析是指分析各产品的毛利润在总毛利润中的占比情况。

将产品营业收入占比与产品毛利润占比进行对比，则能分析出创收最高的产品是否是创利最高的产品。如果创收比与创利比不成正比，那么就要分析该产品是否是市场未来的淘汰品，是否需要提前做好调整产品结构的准备。

3. 产品毛利率对比及毛利率趋势分析

产品毛利率对比及毛利率趋势分析是确定产品创利情况的重要方法。如果毛利率处于持续下降的状态，剔除数据统计差错和舞弊现象等因素的影响后，考虑产品成本是否持续上升，产品是否已经被市场淘汰。

8.1.2 分析财务报表决定销售政策的调整

作为企业的经营者，仅仅选定好的产品还远远不够，运用什么样的销售政策来推销产品，对企业的发展至关重要。通过对以往销售业绩的分析，可以判断出不恰当的销售政策。经过市场不断的检验，同时不断地调整销售政策才能制定出更为合适的销售政策。

【例 8-2】

在【例 8-1】中，钓竿公司的李经理在确定主打产品后，就要重点考虑使用什么样的销售政策来推广主打产品。在销售政策调整会上，大家展开了讨论。

图 8-3 与图 8-1 显示，逐渐沦为夕阳产品的传统钓竿仍处于销量增长期，在未来一定时间内仍会保持一定销量，但毛利率正逐年下降。这说明传统钓竿的市场竞争进一步恶化。公司不能放弃传统钓竿，虽本地市场

已达到饱和，呈现的是买方市场，但不影响公司开发新的市场。将传统钓竿作为打开新区域市场的排头兵，将传统钓竿作为引流产品，在价格上做出让步，同时将手绘产品推向全国市场。

按2017—2019年的发展预估，手绘产品有巨大的潜力，所以还要加大在本地市场的宣传，为其走向全国市场奠定基础。

该公司应加大资源倾斜力度，将生产重心转移到手绘产品，对车间进行改造，扩大手绘产品的生产量，以占据市场。同时引进手绘工人和相关手绘方面的专业人才，研发手绘的生产线，使手绘产品发挥出更大的价值，创造更多的营业收入。

应用销售策略的效果在2020年和2021年逐步显现，2017—2021年钓竿公司各产品营业收入及营业收入占比详见图8-6。

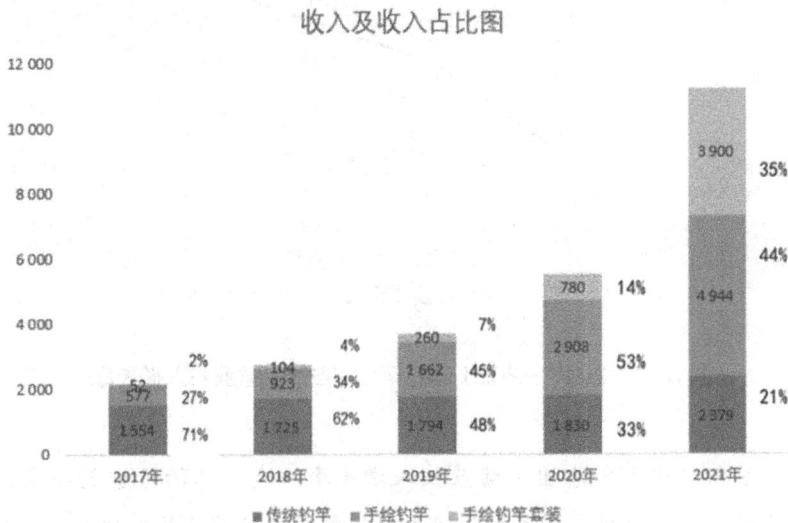

图8-6 2017—2021年钓竿公司各产品营业收入及营业收入占比

从图8-6中可知，钓竿公司在2020年、2021年的年总营业收入分别为5 518万元、11 223万元，营业收入保持高速增长。传统钓竿的营业收入占比持续下滑至2021年的21%，手绘钓竿2021年的营业收入占比较

2019 年没有太大变化，但营业收入额增长近两倍。手绘钓竿套装的增长幅度、额度以及速度都持续走高。

财务部门随后又提供了三种产品近五年营业收入增长率的数据，详见图 8-7。

收入增长率

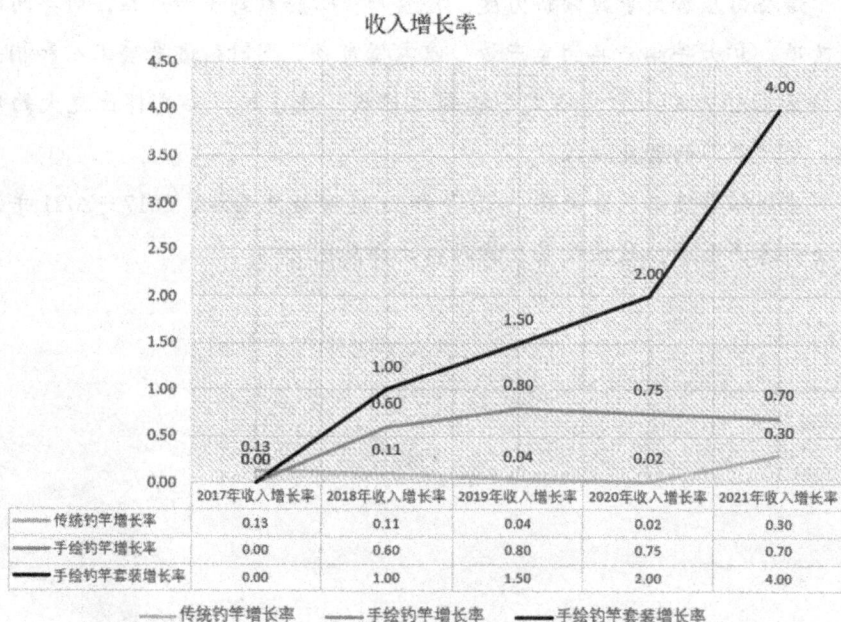

	2017年收入增长率	2018年收入增长率	2019年收入增长率	2020年收入增长率	2021年收入增长率
传统钓竿增长率	0.13	0.11	0.04	0.02	0.30
手绘钓竿增长率	0.00	0.60		0.75	0.70
手绘钓竿套装增长率	0.00	1.00	1.50	2.00	4.00

—— 传统钓竿增长率　　—— 手绘钓竿增长率　　—— 手绘钓竿套装增长率

图 8-7　2017—2021 年钓竿公司各产品营业收入增长率

从图 8-7 中可以看出，营业收入增长率一直下降的传统钓竿在 2021 年时该指标有所回升，与之相关的手绘钓竿套装的营业收入增长率增速更快。而这种变化，与以传统钓竿低价打开市场的促销政策有直接关联。应用这个政策的效果，在 2017—2021 年钓竿公司各产品的毛利率情况中也有所体现，详见图 8-8。

毛利率图

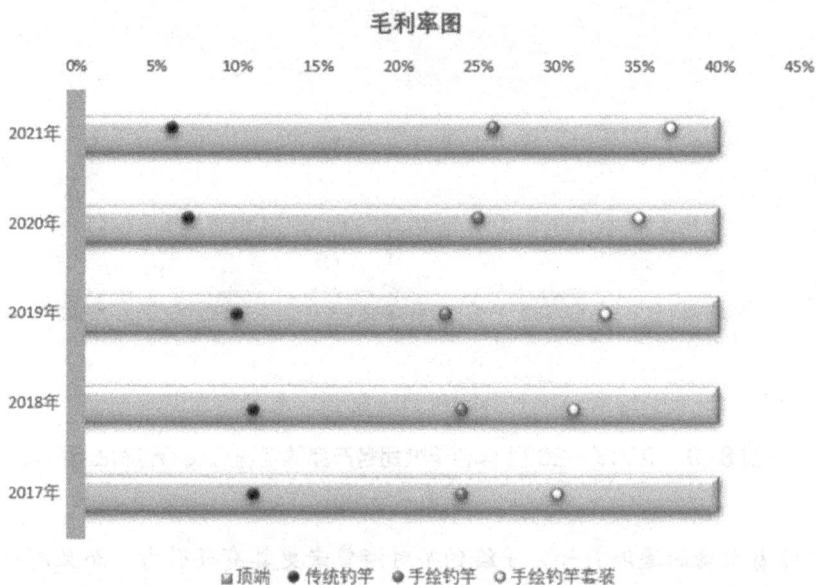

图 8-8　2017—2021 年钓竿公司各产品的毛利率

　　2020 年、2021 年的数据显示，虽然传统钓竿的营业收入明显上升，但毛利率却从 2019 年的 11% 下降到 2021 年的 6%，手绘钓竿套装的毛利率却从 2017 年的 30% 迅速上涨到 2021 年的 37%。这是因为李经理利用赠送或低价配送传统钓竿的"捆绑式"销售政策进行销售，目的是带动手绘钓竿和手绘钓竿套装的销售。由于赠送量巨大，反而让传统钓竿的销量在 2021 年有一定幅度的增长。这种销售政策看起来牺牲了传统钓竿的利润，但是却推动了公司整体营业收入和毛利润的大幅度上升。2017—2021 年钓竿公司各产品的毛利润及毛利润占比详见图 8-9。

毛利及毛利占比图

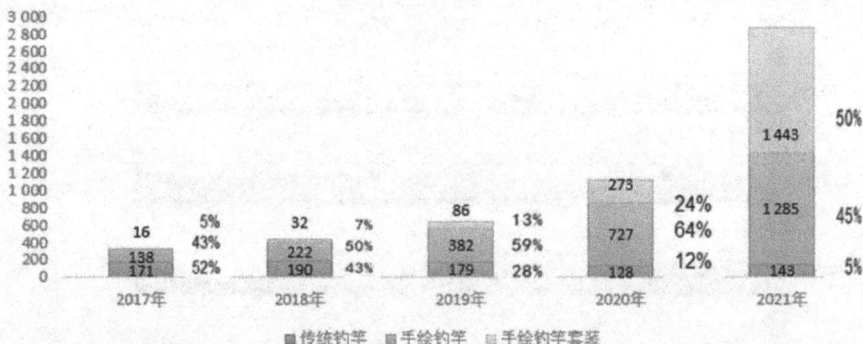

图8-9　2017—2021年钓竿公司各产品的毛利润及毛利润占比

随着市场的逐渐打开，手绘钓竿对消费者更具有吸引力。而且消费者已不再仅仅购买一把手绘钓竿，而是购买整套钓竿，因此2021年手绘钓竿套装不论是毛利润还是毛利润占比都是三种产品中最高的。

通过对财务报表的分析对销售政策随时进行调整，这是企业管理者和经营者必须掌握的重要技能。通过对营业收入与毛利润的历史数据的分析，不但可以决定产品结构，还可以理性判断市场变化。判断销售政策是否合理的常用方法包括产品营业收入结构比分析与营业收入增长率分析、产品营业收入占比分析与产品毛利润占比分析、产品毛利率对比及毛利率趋势分析等。

8.2　发现舞弊规范内控管理

2020企业内控与反舞弊第二届行业峰会在上海举行，现场发布了《2019年度中国企业员工舞弊犯罪司法裁判大数据报告》。报告显示，2019年，31个省（自治区、直辖市），经过司法裁判的企业员工舞弊案件共3 995例，舞弊案件金额总计达73亿余元，平均案值约183万元。

8.2.1　通过毛利率异常发现销售人员舞弊

在针对岗位舞弊的数据统计中，销售人员的舞弊常年位居排行榜榜首。销售人员需要应对客户的各种要求，处理好与采购方的关系，因此销售人员在直接面对这些人时，所展现出来的变通能力也较其他岗位的人员更强。

一些中小企业的经营者直接负责对接客户，把销售权掌握在自己手中，很辛苦。零售行业、餐饮行业、二手房经纪公司等工作人员的主要任务就是销售，如何管理和激励一线销售团队也成为经营者最关注的事情之一。

无论何种行业，随着企业规模的不断扩大，销售队伍也会不断壮大。除了加强企业文化建设外，销售政策的制定、销售流程的标准化、执行前后的监督等也都越来越受管理高层的重视。

【例 8-3】

长丰配件是一家从事电子元件生产与销售的公司。总经理李丹不擅言谈，管生产出身，平日非常关注产品质量，大多数时候在车间待着，喜欢开发新产品。

2021 年年初，李丹收到匿名举报信，信中反映公司有业务员倒买倒卖公司产品。李丹回忆起他在这几年不断研发新产品，但销售额总是上不去，又担心财务人员也有可能参与其中，就想聘请在会计师事务所工作的朋友张蕊来帮忙调查此事。

张蕊没有立刻开展此事的调查，让李丹提供了连续六年的财务报表和其他数据后，与李丹一起对财务报表进行了分析。负责销售的张晓兰是李丹的老同事，带领了 7 人的销售团队，几年来的业绩一直平平。

公司从 2015—2020 年的营业收入分别为 1 934 万元、2 858 万元、2 441 万元、2 940 万元、2 766 万元和 2 771 万元。根据李丹对销售人员的介绍，张蕊选取了创收处于前三名的乔壮壮、张晓兰和黄肖进行重点关注，并制作了按业务员口径统计的营业收入及营业收入占比分析图，详见图 8-10。

收入及收入占比

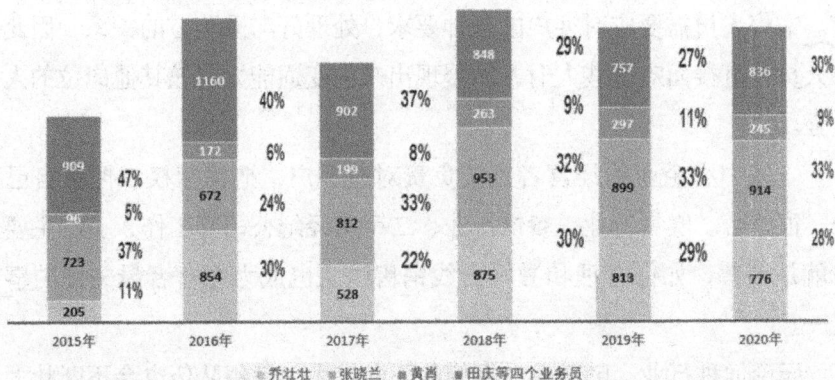

图8-10 营业收入及营业收入占比

根据李丹回忆，2016年开发的新产品的营业收入很高。2017年公司营业收入大幅下降，是因为当年有一批产品出现质量问题，出现大量退货情况。近三年公司比较注重质量，所以营业收入没有再出现重大下滑。

李丹又介绍，张晓兰于2015年来到公司，当年就创收最高，加上两人又是同学关系，李丹就安排她带着销售团队开拓市场。在2016年，为鼓励员工，张晓兰主动把自己的客户让给乔壮壮。李丹对张晓兰非常信任，认为她有格局又有担当。而乔壮壮也没辜负公司厚望，2016年成为销售冠军，这之后乔壮壮也一直是公司的销售骨干，且其为人坦诚。黄肖的业绩一直比较稳定，有几个不大不小的客户，也不愿意多建立新的客户关系，就守着这几个客户，客户的业绩好一点，他的业绩就好一点，客户的业绩差一点，他的业绩也就差一点。李丹对销售人员的情况分析也非常贴合图8-10。

张蕊制作了毛利率对比图，详见图8-11。而这张图中的数据让李丹大吃一惊。张晓兰一直是公司创收的冠军，但创造的毛利率却最低。2019

年新产品的上市，其他销售人员的产品毛利率都大幅度上升。但张晓兰的产品毛利率却仍然较低，尤其在 2019 年和 2020 年，张晓兰的产品毛利率分别为 18% 和 6%，不但没有达到平均线，还不及前几年。在 2015 年，也就是张晓兰刚到公司的那一年，不但产品营业收入最高，毛利率也是最高的。很显然，张晓兰的毛利率出现异常，问题出在近三年。

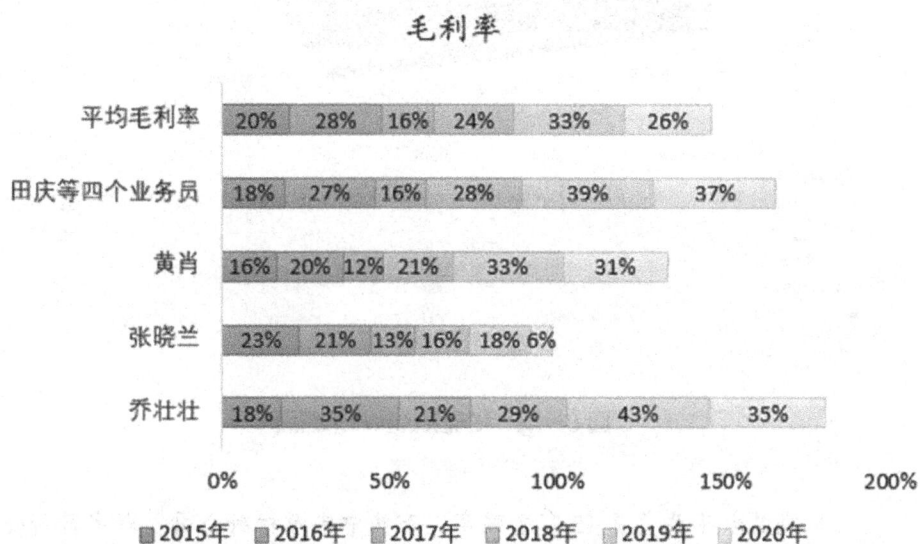

图 8-11 业务员毛利率

随后，张蕊提醒李丹对张晓兰的客户单独进行分析。张晓兰负责的华南市场共有 15 家客户，客户采购额详见图 8-12。

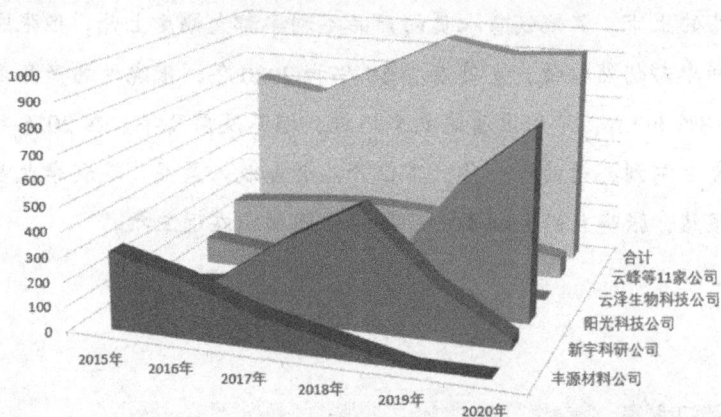

	2015年	2016年	2017年	2018年	2019年	2020年
■ 丰源材料公司	312	235	128	67		
■ 新宇科研公司	94	127	334	498	220	44
■ 阳光科技公司				150	534	783
■ 云泽生物科技公司	112	78	96			
■ 云峰等11家公司	205	232	254	238	145	87
■ 合计	723	672	812	953	899	914

图 8-12　张晓兰的客户采购额

张晓兰六年共负责 15 家采购商，而其中丰源材料公司、新宇科研公司和云泽生物科技公司 3 家大客户以及云峰等 11 家小客户，采购金额在近三年均有不同程度的下降，甚至有的降为零。在 2018—2020 年，阳光科技公司的采购量越来越多，几乎成为张晓兰最大的采购商，并且超低的毛利润正是这家公司造成的。

李丹在张蕊的建议下，对阳光科技公司展开秘密调查，发现这家公司原来是张晓兰借用亲戚的身份证注册的皮包公司，然后利用职务之便，将公司的产品低价销售给它，然后再倒卖给丰源材料公司和云泽生物科技公司等其他老采购商。赚取的差价一部分用来贿赂采购商，另外一部分自己挥霍。

因此，通过匿名举报信，再结合对阳光科技公司这个皮包公司的调查，公司更加确信单位内部的内鬼就是张晓兰。短短几年间，张晓兰倒买倒卖产品造成公司损失 400 余万元。

作为企业负责人，李丹把工作重点放在产品研发上，产品也得到一致好评，本应取得不错的销量，但公司的营业收入却不升反降。李丹虽然有过怀疑，但却并未重视。直到收到一封匿名举报信，李丹才后知后觉，意识到事情的严重性。作为公司的管理层，如果李丹能够分析财务报表，或者指示财务人员及时进行数据分析，或许会早一点发现问题。

日常营业收入的结构分析大多以产品为主。若从业务员角度来进行营业收入和营业成本的数据归集，不但可以对销售人员及时做出准确的评价，也容易随时发现可能存在的经营问题，防止销售人员舞弊。在此次调查中，就采用了按业务员创收情况和毛利率变化情况的方式查找线索。

营业收入和营业收入结构图将每个业务员的业绩清晰展现出来，管理人员可据此判断业务员的业绩与日常的工作状态是否一致。同时毛利率图又突出了业务员对公司的贡献。管理人员通过多种数据组合可以分析出数据异常的大致原因。在排除数据统计有误或者市场变化造成的异常等因素外，就可以把关注点放在销售人员可能存在舞弊造假上，及时打击内鬼是企业经营中必做的功课之一。

8.2.2　通过分析营业收入，发现收款环节存在的舞弊

收款环节是实现企业最终成果的重要环节，也是极易产生舞弊风险的环节。在企业发展的不同阶段，内控管理也在逐步建立，但是过多的前置审批会限制业务的灵活性，影响企业发展的速度。一些企业在完善内控流程的同时，更加注重后期的监督和数据分析，以及时制止舞弊行为，同时加大处罚力度，从而平衡管理成本与舞弊成本。

【例 8-4】

陈冰夫妇经营一家餐厅连锁店，在几年的时间内陆续开了 5 家分店。陈冰的丈夫主管公司经营，陈冰一直协助丈夫管理内部事务。陈冰虽然很少去公司，但每个月一定会做一件事，就是对财务部门和业务部门上报的各种财务报表进行分析与核对。

2021 年 11 月陈冰在查看几家分店的营业额后，意外地发现，本来在

所有分店中经营业绩最好的第三门店，营业额明显不如往年，而其他几家门店的营业额却高于往年。对数据极为敏感的陈冰立刻警觉起来。其他几家门店的历年营业收入的趋势均与第一门店一致，第一门店历年营业收入的趋势详见图 8-13，第三门店历年营业收入的趋势详见图 8-14。

第一门店月收入累计图

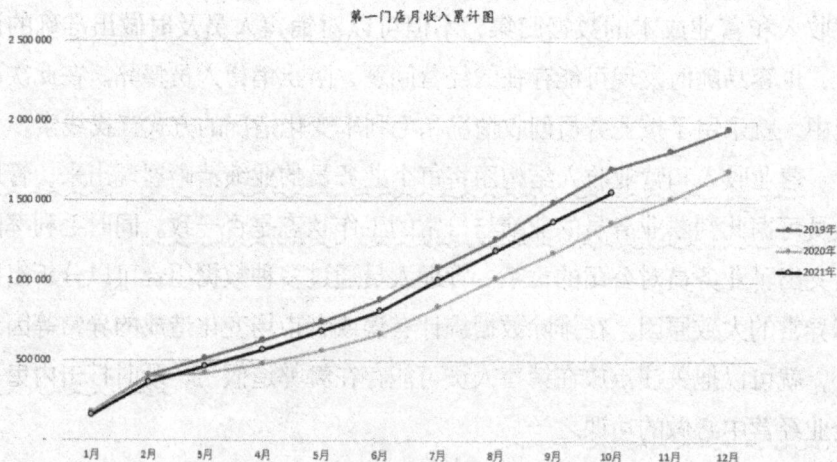

图 8-13　第一门店历年营业收入的趋势

第三门店月收入累计图

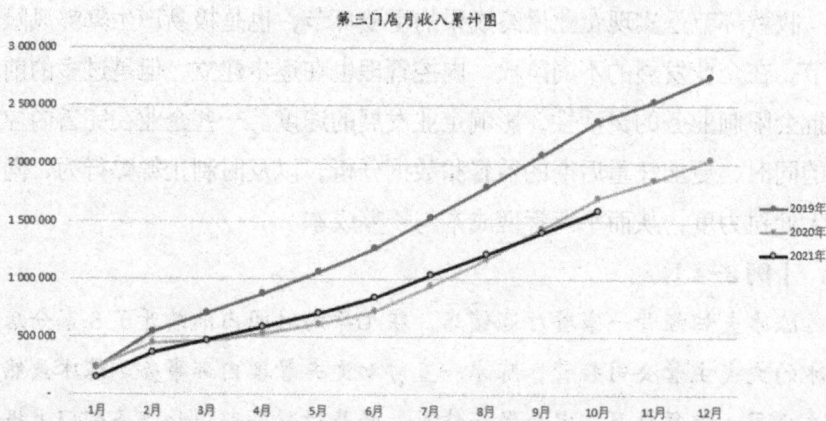

图 8-14　第三门店历年营业收入的趋势

各门店 2020 年与 2021 年各月的累计营业收入均低于 2019 年相应月份，这符合 2020 年的市场大环境。在 2021 年各门店营业收入持续恢复，尤其在 2 月、7—10 月为餐饮黄金月期间，其他几家门店的营业收入都明显好于 2020 年，有些已经接近 2019 年的营业收入额。但是只有第三门店，2021 年累计营业收入甚至低于 2020 年，也远低于 2019 年，在 7—10 月的餐饮黄金月期间营业收入也没能回升。而在陈冰的印象中，第三门店一直是所有门店中业绩最好的店面。

陈冰立刻通过电话询问第三门店店长近期的营业情况。店长声称，今年的客流量比去年大很多，尤其是近几个月，都快赶上 2019 年了。陈冰没有继续追问，直接安排财务人员提供了三年中各门店的毛利率进行比对，单店毛利率对比详见图 8-15。

门店毛利率

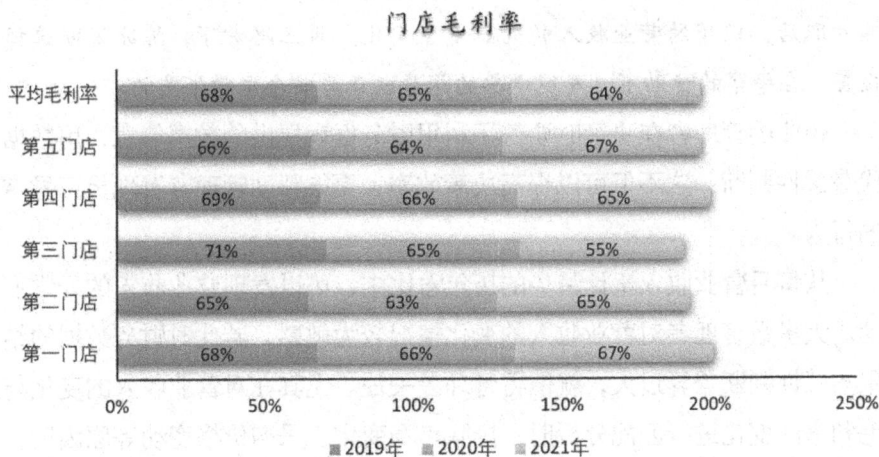

图 8-15　单店毛利率对比

各门店在生鲜价格没有出现较大波动的情况下，毛利率一般都会控制在 65% 左右，不会出现太大差距。陈冰在对门店的毛利率进行比较后，发现第三门店的毛利率也出现异常。因第三门店的营业额几乎一直都是所有门店中最高的，毛利率曾一度达到 71%。但在 2021 年客流量较 2020 年相比越来越大时，门店的毛利率却降至 55%，低于所有门店当年的平均毛利率。在客流量增加的情况下，门店的毛利率竟出现大幅下降，陈冰对门店内部的工作人员产生了怀疑。

陈冰随即安排财务人员去第三门店，调取2021年的所有经营数据，包括收款流水记录、客人的点菜记录、采购清单和台账等。为了方便对比，还顺便调取了其他几家门店的数据。在获取相关资料后，陈冰便与财务人员展开了排查。

最终，财务人员发现了第三门店的高价菜品退单情况比往年多很多。本来有单品退单也是餐饮公司的正常现象，但退单的账户却引起了财务人员的怀疑。大量退菜的结算款都来源于同一个账号，也就是说有同一客人在不断地退菜，并且几乎每天都会退菜。这一发现使陈冰更加确信是内部人员所为。在对所有人员的一一排查中，前台主管张燕引起了陈冰的注意，张燕是2020年6月入职第三门店的，主要负责客人点菜、上菜和退菜。自从张燕入职后，门店的营业收入就开始发生变化。再三思考下，陈冰果断选择报警。在警察的帮助下，发现退单的账号也正是前台主管张燕的。

企业的管理者在决策时要善于利用财务报表提供的数据信息，用数据代替感性判断，这不但可以提高决策效率，更能帮助管理者发现员工异常的行为。

从每月营业收入累计趋势的历年对比中，可以发现营业收入的异常变动。大多数管理者对营业收入的变化情况较为敏感，若此时财务数据的结果与感性判断差异过大，就值得管理者关注。尤其在对营业收入的变化与毛利率的变化进行匹配分析时，排除市场变化、采购价格变动等原因后，就可以判断是否存在员工舞弊等情况。

8.2.3 通过费用变动异常发现管理人员的失职

期间费用包括财务费用销售费用、管理费用，无论企业是否成功销售产品，这三种费用都会发生。这是维持企业正常运转所必须消耗的固定成本，如果企业能够控制好期间费用的无效支出，最大限度发挥期间费用带来的作用，将会整体改善企业的运营效果、提高企业知名度、强化企业内部管控。

虽然期间费用与营业收入没有必然的比例关系，但期间费用还是应当与营业收入保持正向合理的变化关系。

1. 财务费用

财务费用主要包括支付金融机构的借款利息、金融手续费、汇兑损益、利息收入等。财务费用的变化与贷款金额有直接的关系。对于没有借款的企业，冗余的资金可以通过理财获得利息收入，这也会影响财务费用。如果这些关系被打破，那么在排除会计核算差错外，就可以怀疑资金的使用存在问题。

比如，某企业主根据资金存量推算当年的利息收入应为 50 万元，但利润表中财务费用只有 −20 万元，其立刻着手核实利息的收款情况，从而发现利息收入被会计转到账外私吞的事实。

2. 销售费用

销售费用主要指在销售过程中发生的销售人员的工资、薪金，已售商品的维修费、运输费、广告费、展览费等各种费用。为了销售商品，营销人员在营销时会想尽办法。

上海星瀚律师事务所企业内控人与反舞弊法律中心根据 Alpha 案例数据库（数据源为中国裁判文书网、北大法宝网以及法信网等权威网站）选取的裁判文书，整理编写的《2018 年度中国企业员工舞弊犯罪司法裁判大数据研究报告》和《2019 年度中国企业员工舞弊犯罪司法裁判大数据报告》中均显示，销售岗位的职务犯罪率排名第一位，在两项报告中分别占到总样本量的 31% 和 37%。

销售业绩的考核以及销售费用的管理，也是衡量企业管理水平的重要手段。

3. 管理费用

管理费用是企业为组织和管理生产经营活动发生的各种费用，包括除生产中产生的费用、销售费用和财务费用之外的所有费用，如行政管理部门发生的各种办公费用、人员费用、业务招待费、研究费用、技术转让费、财产保险费、聘请中介机构费、咨询费、诉讼费等。

【例8-5】

接【例6-1】，胜利厨具和长丰配件都希望得到天使投资人方胜的投资。在双方都满怀诚意地递交了自家公司2016—2018年三年财务报表后，长丰配件的李丹却迟迟没有等来方胜的消息。随后李丹主动联系方胜沟通投资一事。方胜与李丹见面寒暄了几句后，便提醒李丹要强化内部的治理结构，虽然新产品的研究方向很有吸引力，但是如果公司内部的管理跟不上，再好的公司也会被蛀空。

李丹听出方胜话里有话，回到公司后，按照方胜暗指的方向，对管理人员和销售人员的情况进行仔细的观察和分析。最终李丹把关注点落在管理费用的变化上。会计人员根据李丹的要求提供了管理费用率（管理费用率=管理费用/主营业务收入）数据，详见表8-1。

表8-1　管理费用率

指标	2016年	2017年	2018年	2019年1—10月
管理费用率	9%	11%	13%	20%

管理费用率每年都在增长，且公司管理费用的增长速度要比营业收入的增长速度快很多，尤其是截止到2019年10月，更是在营业收入低于上年同期的情况下，管理费用增加了近百万元。虽然李丹似乎对每一笔报销的费用都有签字确认，但是这种总量的变化却是李丹始料未及的，问题会出现在哪里？

李丹决定彻查此事，随后他又索取了连续几年管理费用的构成数据，秘密开展调查，最终总结了管理费用升高的三大原因，具体如下。

1. 公司内部浪费严重

公司管理层及员工的节约意识非常差，打印机等办公设备几乎一直处于24小时运作中；员工也没有养成及时关闭计算机的好习惯，计算机长时间处于待机状态；部分办公室的灯即使在员工全部离开后也一直开着，办公楼卫生间的水管坏了，没人修理，常年流水不止。这些都造成公司内部很多不必要的费用增加。

2. 差旅费及油耗费用管理严重不到位

差旅费和油耗费用是管理费用中增长较快的。差旅费监管力度不够，存在超范围、超金额的列支差旅费，普通员工出差坐飞机和高铁的商务舱，住四星宾馆。油耗的问题更为突出，公车私用成了家常便饭，最重要的是公司办公用车中没有柴油车，但是高管报销了近40万元的油费，经过核实都是柴油的油费。

3. 业务招待费无节制

业务招待费在管理费用中也占有较大的比重。在业务招待方面，公司没有制定具体的招待标准，出现员工拿着公款胡吃海喝的现象。

技术出身的李丹通过此次调整，也认识到自己的管理能力不足，造成公司管理费用浪费。发展和内部管控同等重要，不能只重视发展而忽视公司的内部管控。试想只顾埋头赚钱，不加强内部管理，赚再多钱，也满足不了内部的开销，长丰配件也因此未获得方胜的投资。

8.3　体现社会责任创造价值

企业创造利润给予投资人回报的同时，也在为社会做贡献。这些贡献包括提供就业岗位、优质产品，让消费者享受到便利和服务，改善区域环境等。这些是企业社会责任的体现，这也就要求企业不应把获取利润作为唯一目标，更强调企业在生产过程中对消费者、对社会、对环境的贡献。

把社会责任纳入战略目标的企业，往往更容易受到社会的认同，从而带动销售，而且在采购以及获得政府支持方面都会受到优待，从而获得意想不到的成果。

8.3.1　税收贡献影响政治地位

税收作为国家财政收入最为重要的组成部分，发挥着调节经济的作用。国家利用税收杠杆来调整落后产业，平衡财富的流转。税收之所以能够发挥这样的作用，是因为税收作为企业重要的经营成本之一，对净利润的影响巨大。

一些地方政府为了鼓励企业依法纳税，用排名的方式公布当地的纳税百强公司，并给予资金奖励。税收贡献也成为企业在当地争取话语权的指标之一。

除了直接的纳税金额外，税收贡献率也是评价企业税收贡献较为方便的指标，这个指标解决了企业规模不一样而导致税收贡献不容易比较的问题。税收贡献率是指企业占用的单位资产所做出的税收产出或税收贡献。也就是说，评价企业税收贡献不能仅仅依据纳税人缴纳税款的数额，还要考虑企业占用的社会资源，用税收贡献总量与其占用社会资源数量的比例来确定企业贡献。

税收贡献率 = 年度纳税总额 / 资产总额 ×100%

税收贡献率即企业每占用 100 元资产所贡献的税金总额。例如：一家企业 2020 年的资产规模达到 300 万元，2020 年缴纳各项税收共计 21 万元，则其税收贡献率为 21÷300×100% =7%。这表明，该企业每占用 100 元的资产，就向国家贡献 7 元的税收费用。

税收贡献率还有另外一个作用，就是反映企业产品增值的情况。税收主要产生于高利润、高附加值的产品销售，因为企业的税收贡献率越高，就意味着企业的增值幅度越大，所生产经营的产品越有利可图。所以，税收贡献率越高的行业，往往就是具有高附加值的行业，也可以说是高利益回报的行业，这也同时引导了企业投资的方向。

根据表 6-5、表 6-7，可以计算出两个公司三年的税收贡献率，两公司税收贡献率对比详见表 8-2 。

表 8-2　两公司税收贡献率对比

公司名称	2016 年	2017 年	2018 年
长丰配件	11.7%	5.2%	2.8%
胜利厨具	5.8%	16%	1.6%

　　长丰配件的税收贡献率从 2016 年的 11.7% 持续降低至 2018 年的2.8%，主要原因是净利润逐步减少，增值越来越差，导致税收降低，对社会的贡献也在减少。胜利厨具的税收贡献率存在波动，导致 2018 年下滑至 1.6% 的主要原因是资产规模的增幅巨大。虽然两个公司在 2018 年的税收贡献率都大幅度下降，但其原因不同。

8.3.2　社会贡献影响企业格局

　　企业发展离不开战略的方向指引，有了统一的战略目标，才能增强员工的凝聚力和向心力。制定战略时就要明确企业的愿景和使命。虽然企业开展经营是为了获取盈利，但是不应把赚钱作为愿景。

　　能够激励企业员工奋勇向前、拼搏向上的企业愿景和企业使命，应该是有格局、有高度的。阿里巴巴曾经将"让天下没有难做的生意"作为企业使命，华为的愿景是"丰富人们的沟通和生活"，绿城的使命是"为员工创造平台、为客户创造价值、为城市创造美丽、为社会创造财富"……

　　企业愿景和使命在其所要履行的社会责任中体现了企业格局，激励着一代又一代奋斗的年轻人。

　　在评价企业的社会贡献时，社会贡献率是衡量企业社会贡献的另一项指标，其所包括的内容与税收贡献率不同。社会贡献率的内容不仅有税收，还包括劳动者报酬、利息支出净额与其他福利支出、企业的净利润。社会贡献较全面地展现了企业作为社会组织为社会所创造的价值。

　　社会贡献率反映企业利用全部资产为国家和社会做出贡献的能力。社会贡献率越高，反映企业运营资金的整体能力越强。

　　社会贡献率 = 社会贡献总额 / 平均资产总额 ×100%

　　= （劳动者报酬 + 利息支出净额 + 福利支出 + 缴纳的税金 + 企业的净利润）/ 平均资产总额 ×100%

　　有些地方政府对企业进行排名时，考虑的因素不仅有税收，还有社会贡献。多维度评价企业的社会贡献也更加科学。某些科研机构会统计某些行业的社会贡献水平，这些数据为国家决定对行业采取何种政策也有借鉴意义。

第 9 章

从不同角度，快速带你读懂财务报表

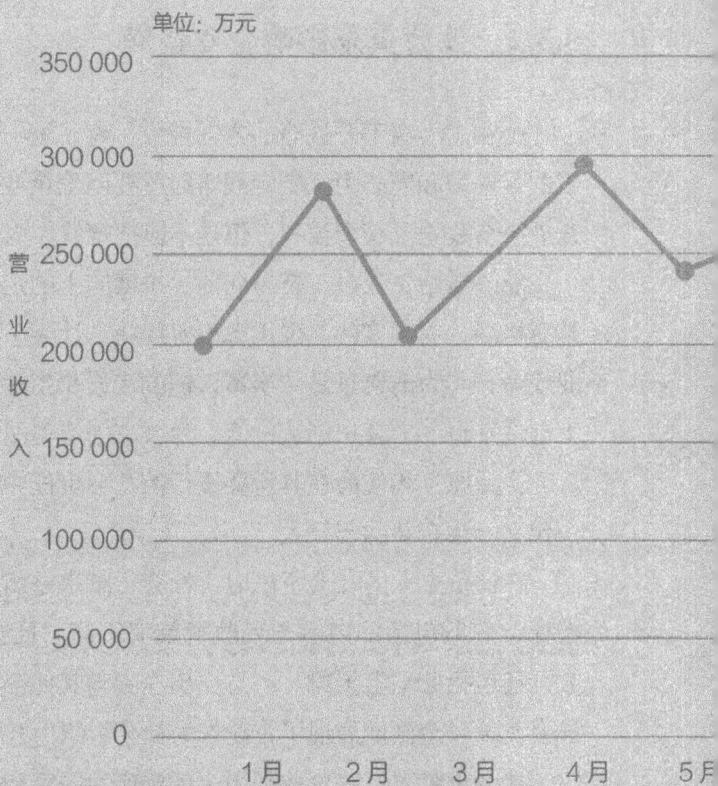

单位: 万元

营业收入

| 350 000 |
| 300 000 |
| 250 000 |
| 200 000 |
| 150 000 |
| 100 000 |
| 50 000 |
| 0 |

1月　2月　3月　4月　5月

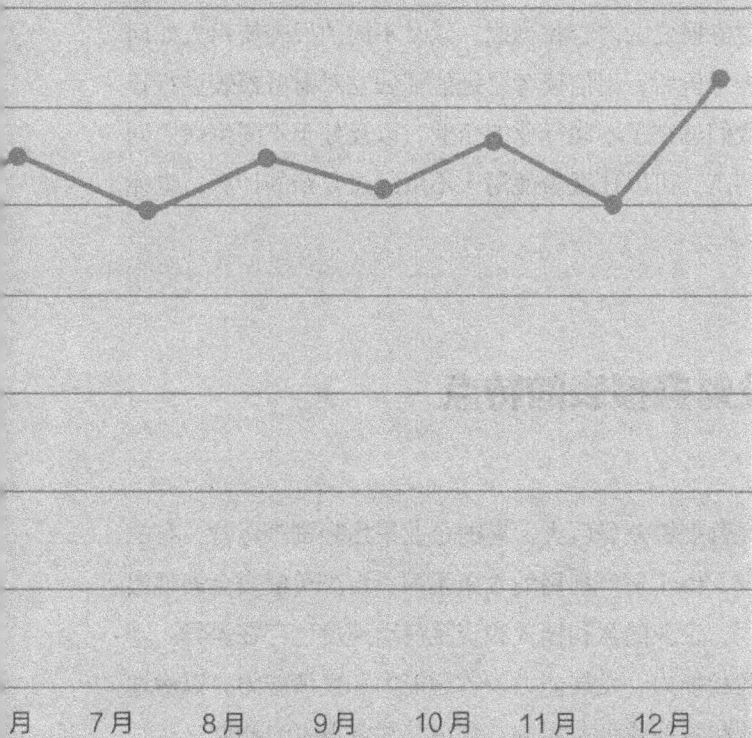

月　7月　　8月　　9月　　10月　　11月　　12月

时　间

在系统地介绍了财务报表的内容和构成，以及不同的报表使用人如何利用指标进行财务报表分析后，相信读者已经能够独立对财务报表进行查看和分析。在本章，我们总结了不同行业的企业，以及处于不同生命周期的企业的财务报表的特点，可以让报表使用人不用经过复杂的计算，也能轻松读懂财务报表。

9.1　不同行业财务报表的特点

不同行业的企业经营规模差异巨大，有的企业采用轻资产运营，有的企业则采用重资产投资，由于资产利用的效果不同，资产负债表会表现出不同的状态。行业不同，企业的盈利模式和资金流动速度也存在差异。本节我们将结合企业的盈利能力、发展能力、营运能力和偿债能力，以房地产行业、制造业、农业和零售业企业为例，介绍其财务报表的特点。

9.1.1　房地产行业企业财务报表的特点

房地产行业企业经营的产品就是房产。房产不同于其他商品，生产的周期一般会超过一年。所以房地产行业企业的特点是开发周期长、资金投入量大、回收投资的周期长等。房地产行业与国计民生有着直接的联系，且影响巨大，所以整个行业受国家政策的影响也非常大。房产的销售价格往往与营业成本并不构成直接的关系，更多受地域、市场、政策的影响。

房地产行业因其产品和经营模式的特殊性，财务报表所显示的信息、财务指标也有着房地产行业明显的特点。

1. 财务报表的特点

（1）采用项目运作制的房地产企业，是指只在一个地区开发一个项目的企业，随着房产的全部售出，企业便会清算注销。所以其财务报表所体现出来的周期性较强。一个经营周期结束，也就意味着公司面临着终止。

（2）房产作为房地产企业的商品，从土地的购买、原材料的采购领用，到建筑公司的施工建设，再到完工销售的整个过程中都在核算存货。这就意味着大多数企业流动资产的持有期间在理论上都短于一年，但是房地产企业的存货因存在较长的建设期和销售期，流动资产的持有期间远远长于一年。大多数企业的存货随着时间的推移，如果出现商品滞销的情况，贬值的可能性较大，但房地产企业的存货反而存在升值的空间。

（3）由于房地产企业的存货可以采用预售制，并且房产的开发周期长，从开始预售到房产交付，中间会经历较长的时间，所以房地产企业预收账款的比重也非常大，这就导致企业的短期负债总额会比较大。但预收账款带来的并非未来现金的流出，所以这种负债对企业来讲，反而是现金的良性流入。

（4）由于房产的建设周期长，在前期建设阶段，大量管理费用、销售费用等直接计入利润表，但是收入在房产没有交付时不会形成营业收入计入利润表，所以利润表会在开发前期体现出较长时间的亏损。此时的利润表并不能真实反映企业的经营水平。

2. 财务指标的特点

（1）盈利能力与发展能力指标。

项目的时间决定房地产企业的经营时间，所以在项目刚开始实施时，其体现出创业期企业的特点，在达到营业收入确认条件之前，都不会有营业收入。房地产企业的预收账款数额巨大，可能在房产交付前，所有房产就已经销售一空。预收账款虽然是负债类项目，但在未来会转入营业收入。如果只分析营业收入，就不能真实体现房地产企业的盈利能力和发展能力。

所以分析房地产企业的相关指标时，会同时考虑营业收入与预收账款的净增加值。在分析企业的发展能力时，会使用预收账款保障倍数指标，这个指标代表预收账款未来能够转入营业收入的保障能力。该指标越高，意味着企业未来的利润也越多，投资人在以后可以获得的利益就越多。

预收账款保障倍数 = 期末预收账款 / 营业收入

（2）偿债能力与营运能力指标。

由于预收账款数额巨大，房地产行业的流动比率在所有行业中处于较低的水平，流动比率多为 1.2~1.5。同时房地产企业的资产负债率可谓居高不下，但并不代表企业偿债能力弱，具体分析时应剔除预收账款带来的影响。同时，可以通过与行业的平均水平比对来分析。

与其他行业不同，房地产行业的固定资产往往比较少，存货周转率水平几乎接近资产周转率水平。房地产企业的存货主要为土地、在建房产，因而对存货的管理至关重要。在计算周转率时，也要考虑预收账款净增与营业收入。在与同行业进行比较时，要注意周转率的计算是否受到预收账款的影响。

9.1.2 制造业企业财务报表的特点

本书中大多数案例中的企业都属于制造业。以制造业作为蓝本来编写案例的原因是，制造业企业包含的业务内容最为全面，从资金的筹集、材料的购买、产品的生产、商品的销售、资金的投出等都有所涉及，而且制造业也是业务最为复杂的行业，业务中既包括生产，也包含服务，其涉及的财务核算也是最为复杂的。

为迎合市场的需求，大多数制造业企业会以销定产，根据订单制定生产计划，以此为基础采购各种生产中需要的物料、低值易耗品，再安排人员利用设备等固定资产加工和生产，形成商品。

1. 财务报表的特点

（1）对于制造业企业而言，设备是保证企业能够生产加工产品，且保障产品质量稳定最重要的资产。但是设备在融资方面并不占优势，很难作为抵押物，所以大多数制造业企业在流动资产充足的情况下，都会置办厂房等不动产。大部分制造业企业的固定资产占总资产的比重相对较大。

（2）由于固定资产的比重较大，因此制造业企业必须设法加快流动资产周转，一旦流动资产积压过多，企业资产的流动性差，就容易切断资金链。通过应收账款和预收账款可以判断企业的产品在市场上受欢迎的程度。若应收账款多，说明企业通过放宽信用条件来鼓励销售，意味着企业的市场地位较低。若预收账款多，则意味着企业的市场地位较高。市场上的商品越丰富，制造业企业的竞争越激烈。

（3）大多数制造业企业的利润结构中会存在高额的销售费用，销售费用主要是由商品投放市场前的前期投入费用和售后服务费用构成的。一般情况下，知名企业的广告、策划等销售费用较高。

2. 财务指标的特点

（1）盈利能力与发展能力指标。

制造业企业的数量多，涵盖面广，两极分化较严重，仅就毛利率而言，技术含量较高的制造业企业可以高达50%，而传统制造业企业能保证10%就已经不错了。大多数制造业企业会将毛利率控制在20%~40%，规模越小的制造业企业，创业期的毛利率越高。而规模化、标准化的大型制造业企业，由于固定成本在巨大的销售量面前，几乎可以忽略，所以毛利率被压缩到很低，依然可以保证较高的净利润率。所以制造业规模化是市场占有率和商品议价权的保障。

对于销售增长率与企业生命周期或产品生命周期的表现相吻合的企业，产品在刚刚投入市场时，销售增长率较高，随着产品市场的成熟度越高，销售增长率也会逐渐下降。

（2）偿债能力与营运能力指标。

制造业企业的偿债能力指标在所有行业中处于较高水平，一般流动比率不低于2，速动比率不低于1。

值得注意的是，制造业作为一个非常复杂的行业大类，各细分行业都呈现出不同的行业特征，在具体分析时，应当针对不同的企业特点分别分析，这样得出的结论才更加准确。

9.1.3　农业企业财务报表的特点

农业企业的主要经营范围是植物种植、动物饲养，长期作物种植要经几年或者近十年的管理才能形成产能。农业企业具有生产周期长，收益低，容易受气候、自然灾害、疫病的影响而造成毁灭性损失的特点。但是农业是涉及民生的重大行业，国家给予了很多扶持政策，包括税收优惠、粮食补贴等。

税收上的让利，也让很多企业延长了产业链条。比如服装行业产业链条的源头就是棉花种植业，造纸业产业链条的源头就是速生林种植业，奶制品行业产业链条的源头是牧草种植和奶牛饲养等。通过延长产业链条，不但在原材料采购上拥有自主定价的权力，也能够将下游的税负适度上移，从而让企业的税负减轻。

1. 财务报表的特点

（1）农业企业的库存商品与其他行业的存货与固定资产不同点在于，农业企业的库存商品与能够生产库存商品的固定资产大多是活物。为了有所区别，农业企业的库存商品在会计上被称为消耗性生物资产，而能够生产库存商品的活物固定资产被称为生产性生物资产。比如，生长中的蔬菜、存栏待售的猪、鱼等就是消耗性生物资产。为产出农产品等而持有的生物资产，包括用于生产小猪的母猪、经济林等就属于生产性生物资产。

（2）农业企业生产周期长，消耗性生物资产的持有时间长、金额大，造成农业企业的流动资产较多。农业企业的盈利能力普遍不强，融资也主要靠政策性贷款。伴随乡村振兴的发展，农业农村部发布了重点强农惠农政策，从财务报表整体来看，农业企业缴纳的税费相对其他行业企业较少。

2. 财务指标的特点

（1）盈利能力与发展能力指标。

农业企业的毛利率相对偏低，如果没有政策导向影响或者特殊市场价格波动的影响，农业企业的毛利率过高，则不排除有转移利润、转嫁税负的嫌疑。在 2020 年全世界新冠疫情大流行之际，又发生了非洲猪瘟，导致猪肉价格曾一度飞涨，使得部分没有发生非洲猪瘟地区的养猪企业大赚了一笔。

农业企业的产品属于菜篮子工程，农业是基础产业，销售增长率一般不会出现较大幅度的上升或者下降。企业的发展受地域限制、产能限制，一般都较为平稳。由于农业企业的盈利能力有限，并不受股民的青睐。所以农业企业的投资人大多具有农村情怀，或者受政府的鼓励，又或者是为产业结构调整而对农业企业进行投资。

（2）偿债能力与营运能力指标。

同样是生产周期长，相比房地产企业，农业企业则没有预收账款为流动资产做资金担保和未来营业收入的保障。同时消耗性生物资产较多，持有时间长，所以农业企业的流动比率往往较其他企业更高。甚至很多农业企业的流动比率超过 4，但这并不代表农业企业的偿债能力就强。在分析农业企业的偿债能力时，要考虑消耗性生物资产的持有时间，其达到可售状态的时间有可能远远超过 1 年。

农业企业的资产负债率水平比一般企业更低，多数情况下都低于50%，但因其投资时间长、回收慢、风险大，不受金融机构青睐。

9.1.4 零售业企业财务报表的特点

零售业是最贴近日常生活的行业之一，供应着日常生活中需要的各种物品，给百姓带来便利。零售业基本没有复杂的生产加工过程，主要是将大宗货物挑选，整理分成小宗物品，通过柜台摆放的方式满足客户零星购买的需求。

1. 财务报表的特点

（1）在零售业的资产负债表中，占比最大的资产往往是存货。与制造业企业的订单生产式不同，传统零售业更多采用库存式销售模式，需要储存足够数量和品种的商品。货品种类足够多是零售业企业吸引投资人的关键，也是展示企业实力、获得消费者信赖的手段。存货的数量不足会导致消费者流失，但是储备量太大，又容易占用过多资金。合理配置货品的品种以及数量，是零售业企业提高管理水平的关键。

（2）零售业的应收账款往往较少，基本不会出现赊销的情况。同时，零售业以会员方式促销、预售方式促销的手段层出不穷，以提前占用消费者资金的方式来稳定消费者群体。所以，零售业的资金一般都比较充足，以备随时销售，随时补货。

（3）零售业企业的扩张主要靠增加更多网点，如果企业的资金被网点占用，那用于存货周转的资金就会大幅度减少，不利于企业创收。所以大部分扩张型零售业企业选择租用房产，知名度高的大型零售商超、家具家居品牌的商超入驻的地区，就等于足够的人流保证，所以，一些持有大面积可用于开设零售商超的房产业主，甚至会给予零售企业一定期间的免租优惠。总的来说，零售业企业不会拥有太多固定资产。

2. 财务指标的特点

（1）盈利能力与发展能力指标。

对于零售业来讲，商品的定价大多是根据进价加上销售毛利来确定的。所以零售业企业的毛利率是可控的，如果促销力度大，那么降价会造成毛利率的下降。如果不进行促销，毛利率可以保证，但销售量上不去，会导致有率无额，也就是没办法保证销售额的提高。企业的最终目的是获得更高的销售额和利润，所以促销的力度和频率是零售业企业要特别关注的事项。

由于零售业受店面面积的限制，为了给客户带来良好的购物体验，陈列货品的数量会有上限，所以每个店面的销售额是有上限的。如果没有进一步扩张门店或者增加网点，仅仅依靠固有的店面，企业不会有较高的销售增长率。所以对于不扩张门店的商品零售企业，基本不会用销售增长率来评价企业的发展能力。

（2）偿债能力与营运能力指标。

零售业的资产负债率在所有行业中排名较高，这主要是因为零售业企业存在较大比例的应付款项，以及预收账款。店面越多、货品越多的零售业企业，在采购时的议价能力越强。

大型零售企业议价能力越强，赊购的能力也越强，比如向供应商开出少则三个月，多则六个月的结算期。所以零售企业利用占用供应商的货款，来获得足够的资金运转。可见，议价能力强的零售企业，应付账款的金额大并非代表企业的偿债能力差。但这会不会影响供应商对零售企业的信任？有则关于拖鞋老板的故事，故事中的拖鞋老板偶然入驻了某大型商超，经营一年后，销售收入翻了几翻。仅仅在大型商超入驻了一个品种的拖鞋，就足以扭转该鞋企的命运。可见在大型商超入驻商品，对供应商而言非常重要。

这么长的结算期，还会有生产企业敢于赊销，也说明零售业企业的信誉并不差。所以零售业企业的资产负债率高不是坏事。

零售业的存货周转率、应收账款周转率在所有行业中也属于较高的。这跟行业的性质有直接关系，零售业往往采用薄利多销的销售政策，毛利率就会降低。在毛利率低的情况下，要获得更多利润，零售业企业必须提高存货周转率，这样才能保证其获得更多利润。这也与零售业企业资产变现能力强，存货及占用在存货上的资金周转速度快相匹配。

值得注意的是，零售业企业的经营模式有所不同。部分百货商场会采取多种模式经营，例如直接租赁销售摊位，收取摊位费的模式；收纳商户入驻，由商户自行雇佣销售员工，采取收取商户销售提成作为自身营业收入的模式等。不同的经营模式对财务报表的构成也会造成不同程度的影响，具体分析零售业企业时，需要参照企业的经营实际。

9.2 处于不同时期的企业的财务报表的特点

企业的整个生命周期包括创业期、成长期、成熟期和衰退期。在不同的发展时期，企业的战略目标不同，引导企业的行为方式也会有所不同。会计的基本职能之一就是用货币数字来反映企业的经济活动，所以企业的财务报表在企业生命周期的不同阶段，会表现出不同的特点。

9.2.1 创业期企业财务报表的特点

创业期是企业的初始阶段，这一时期大部分企业的投资人也是企业的经营者。这个阶段的企业老板会为了企业生存奔波。

1. 财务报表的特点

（1）企业处于创业期时，经营活动较为简单，业务量少，所以大多数创业期企业财务报表数据的绝对值都不是很高，使用的会计科目也少，财务报表的内容较少。

（2）企业使用的资金主要依靠股东投入的资金，金融机构等债权人对创业期企业的放款大部分都是政策性支持，贷款额度都较小。所以创业期企业资产负债表的长期借款基本为零，短期借款的金额通常不会超过百万元。在现金流量表中，筹资活动产生的现金流量净额为正，经营活动和投资活动产生的现金流量净额有可能为负。

（3）这一时期，企业的销售额通常不大，正在组建队伍，招募人才。所以创业期企业的净利润出现亏损较为正常。有的创业期企业的开办期间比较长，这也意味着前期亏损会持续一段时间。

2. 财务指标的特点

（1）盈利能力与发展能力指标。企业能够成立，说明经营者对产品一定是有信心的，也对市场实施了考察。所以创业期企业的产品毛利率一般都不会很低。但是往往在投入市场的过程中，还需要不断摸索客户真正的需求，所以经营者会不断调整营销政策，调整产品性能等。这些投入则加大了固定成本的支出，在销售额没能跟上时，销售净利率往往都较低。

企业的创业期往往时间都比较短，很容易进入成长期，或者直接进入衰退期。经营超过两年还存续的企业大多也都进入了成长期，而此时的企业销售增长率一般都会较高，因为创业期的销售额太低，基数小，销售收入的绝对值稍增加，销售增长率就会大幅度提高。

（2）偿债能力与营运能力指标。由于创业期企业，能够在银行融资的机会少，资金来源于股东的投入、赊购、向股东借款等，所以偿债能力指标都会指向偿债能力较弱。比如资产负债率较高、流动比率较低等。由于创业期企业的经营不够稳定，很多指标也不够稳定，指标出现忽上忽下的情况较多。

创业期企业的营运能力一般表现较弱，由于创业期企业的经营者的主要精力投放于创收，一切围绕着客户的要求调整经营方向，所以在内部管理上投入的精力往往较少。有的经营者经验不够丰富，议价能力也较弱，没有谈判地位，也容易造成存货周转次数过少等情况发生。

9.2.2 成长期企业财务报表的特点

成长期又被称为扩张期，此时的产品基本通过了市场的验证，企业有信心扩大产能、拓宽销售渠道、扩张市场，进入发展阶段。这个阶段的老板需要提高企业利润。

企业会选择标准化的产品进行包装，这样更容易扩大销售版图。大多数企业在成立两年左右进入成长期，也有少量企业经过五年以上才能进入到长期。扩张速度较快，部分企业的人才培养和招募、内控管理跟不上企业发展的速度，固定资产投资过剩等情况也时有发生，最终可能导致企业迅速进入衰退期。

1. 财务报表的特点

（1）企业处于成长期时，经营活动开展得更为频繁，业务量增加速度明显，越来越多财务报表项目被使用。从资产负债表上看，资产总额的年末数据往往比年初有较大幅度的增长。从利润表来看，利润总额的年末数据也会有较大幅度的增长。

（2）企业的资金来源更广，不仅仅依靠股东的增资扩股，债权人也会增加授信额度。由于扩张速度较快，现金流量表表现为筹资活动产生的现金流量净额基本为正数。企业的资产规模与发展速度匹配，所以投资活动产生的现金流出较多，现金流量净额为负数的情况居多。经营活动产生的现金流量净额则时多时少，较为不稳定。

（3）企业的市场地位不断上升，议价能力增强。大多数企业在成长期开始扭亏为盈，形成资本积累。同时管理费用也会大幅度增长，如果管理费用投入较小，就会引发管理跟不上销售增速的问题，导致企业迅速进入衰退期。

2. 财务指标的特点

（1）盈利能力与发展能力指标。企业处于成长期时，随着企业议价能力的提升、生产量的增加，毛利率一般会维持创业期的趋势甚至有更高的走向，同时，销售净利率也会有所提高。

销售增长率较高是成长期企业的典型特点，同时，随着企业规模的扩大，总资产增长率也会提高。

（2）偿债能力与营运能力指标。成长期企业的资产负债率、流动比率等指标都会出现波动。随着企业规模的扩大、资产规模的大幅增长，企业急于抢占市场，扩大产能，负债也会剧增。同时，利润有所增长，但是赚得的利润基本都用于扩大生产。有些成长期企业的资产增速过大，企业的营运能力指标甚至低于创业期。各项指标不稳定是成长期企业最大的特点。

9.2.3 成熟期企业财务报表的特点

成熟期又被称为稳定期，企业的产品基本被市场接纳，并占有一席之地。企业的形象已经树立、客户群体相对稳固，产供销接近平衡，企业的抗风险能力较强是典型的成熟期企业的特征。这个阶段的老板更加关心企业社会责任的承担情况，思考企业该如何持续发展。

企业进入成熟期，既是一件好事，也不是一件好事。如果说这是一件好事，是因为成熟期是每个企业都期待能够进入的阶段以成为行业的领导者，在行业中有足够的话语权。如果说这不是一件好事，是因为达到顶峰往往会走下坡路，在这个阶段的企业容易放松，逐渐失去斗志，一旦安于现状，产品更新换代的行动力弱，由成熟期进入衰退期也就是瞬间的事情。

成熟期的持续时间与企业的战略有关，如果某一企业在某地区属于成熟企业，可以将产品扩张至全省，在省内成为领军企业，还可以将产品扩张至全国，乃至整个世界。所以延长成熟期才是企业发展的定位。成熟期企业还可选择把精力放在产品的更新换代上，或者选择多元化发展。

1. 财务报表的特点

（1）企业处于成熟期时，拥有稳定的市场份额，在利润表中，销售额和利润额保持历史最高水平，上升和下降的速度都会趋于平缓。在资产负债表中，资产规模较大，抗风险能力也比较强。庞大的管理机制让管理更加精细化，产品越来越标准化，企业议价能力较强。

（2）企业使用的资金来源更广，各种机构都愿意把资金投入成熟稳健的企业。由于企业基本处于平稳期，现金流量表中筹资活动产生的现金流量净额趋于稳定，甚至逐步减少。企业的固定资产折旧和其他资产摊销往往大于资本性支出，投资活动产生的现金流量净额有所增加。经营活动产生的现金流量净额基本为正数。

2. 财务指标的特点

（1）盈利能力与发展能力指标。企业处于成熟期时，毛利率、营业利润率由高速增长变得趋于稳定。同时，随着企业规模达到稳定状态，总资产增长率的变化幅度也同步趋于平稳。这个时期，产品在市场中处于稳定状态，盈利能力较强、现金流入量较高，均较稳定，资金可以满足企业需求，需求量减少，财务状况处于稳定。

在成熟期，企业经营的基本目的应是如何长期保持这种稳定的状态，对盈利能力和发展能力的财务规划更偏重于稳中有增。

（2）偿债能力与营运能力指标。成熟期企业的资产结构更加趋于合理，资产负债表中的各类资产要素之间相对稳定，负债总额占资金来源的比重也相应减少，短期偿债能力、长期偿债能力和营运能力均呈现良好的发展趋势，财务风险降低。各项指标稳定是成熟期企业最大的特点。

9.2.4 衰退期企业财务报表的特点

衰退期企业的销售出现负增长，持续不断的亏损让企业的资金流也出现严重的短缺，产品正退出市场，被新产品替代，经营风险和投资风险居高不下。

当企业处于这一阶段时，将面临两种发展方向：衰亡至破产清算或通过债务重组、破产重组等重获新生。主要通过分析企业是否具备产品结构调整能力、闲置资产是否有再利用价值或者是否具有较高的变现价值来判断其发展方向。

1. 财务报表的特点

（1）企业处于衰退期时，经营活动变得萎靡，员工不断减少。很多处于这个阶段的企业，财务人员也存在流失的情况。财务报表的可靠性变差，有的企业财务报表的数据长期不变，财务报表数据不能如实反映企业的财务状况。

（2）从资产负债表上看，资产的数据长期不变或者大幅度减少。利润表中营业收入急速萎缩，经营亏损严重。

（3）企业经营活动产生的现金流量净额急剧下降，入不敷出；筹资活动产生的现金流量净额减少，只出不进的情况日益严重；投资活动产生的现金流量净额因企业的战略撤退而持续再现负数。投资活动和经营活动产生的现金流量净额多半为负值。

2. 财务指标的特点

（1）盈利能力与发展能力指标。当企业处于衰退期时，议价能力弱，产品逐渐被市场淘汰，销售量逐年下降。生产工艺呈现出落后的状态，固定资产老化，产品价格降低，营业成本则居高不下，营业成本大于营业收入，毛利率和销售净利率为负数。销售增长率、营业利润增长率、总资产增长率等发展能力指标均出现负增长的情况。

（2）偿债能力与营运能力指标。此时企业的偿债能力指标都会呈现较差的状态。资产闲置，营业收入降低，资产周转速度非常缓慢。

第 10 章　影响分析财务报表的因素

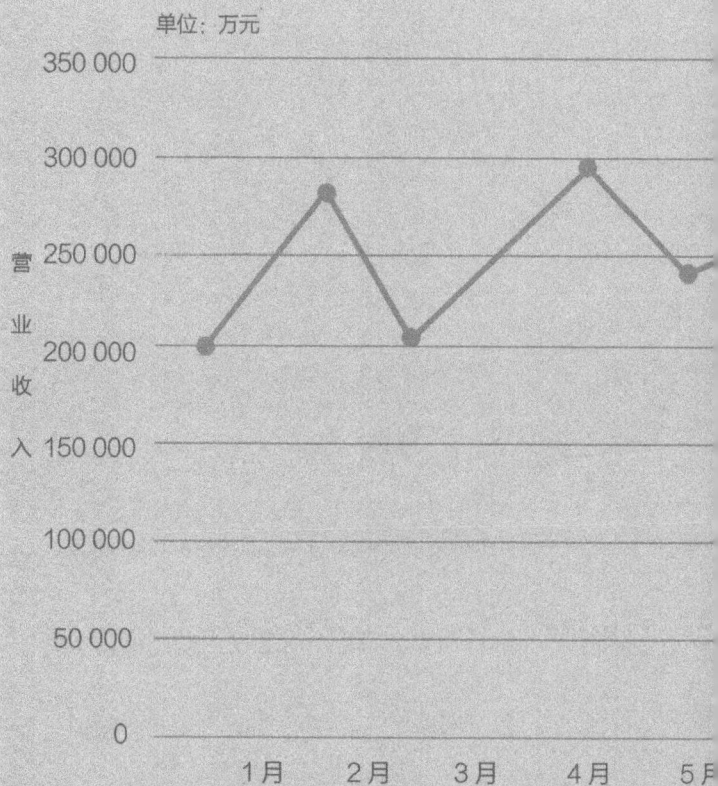

单位：万元

营业收入

350 000

300 000

250 000

200 000

150 000

100 000

50 000

0

1月　2月　3月　4月　5月

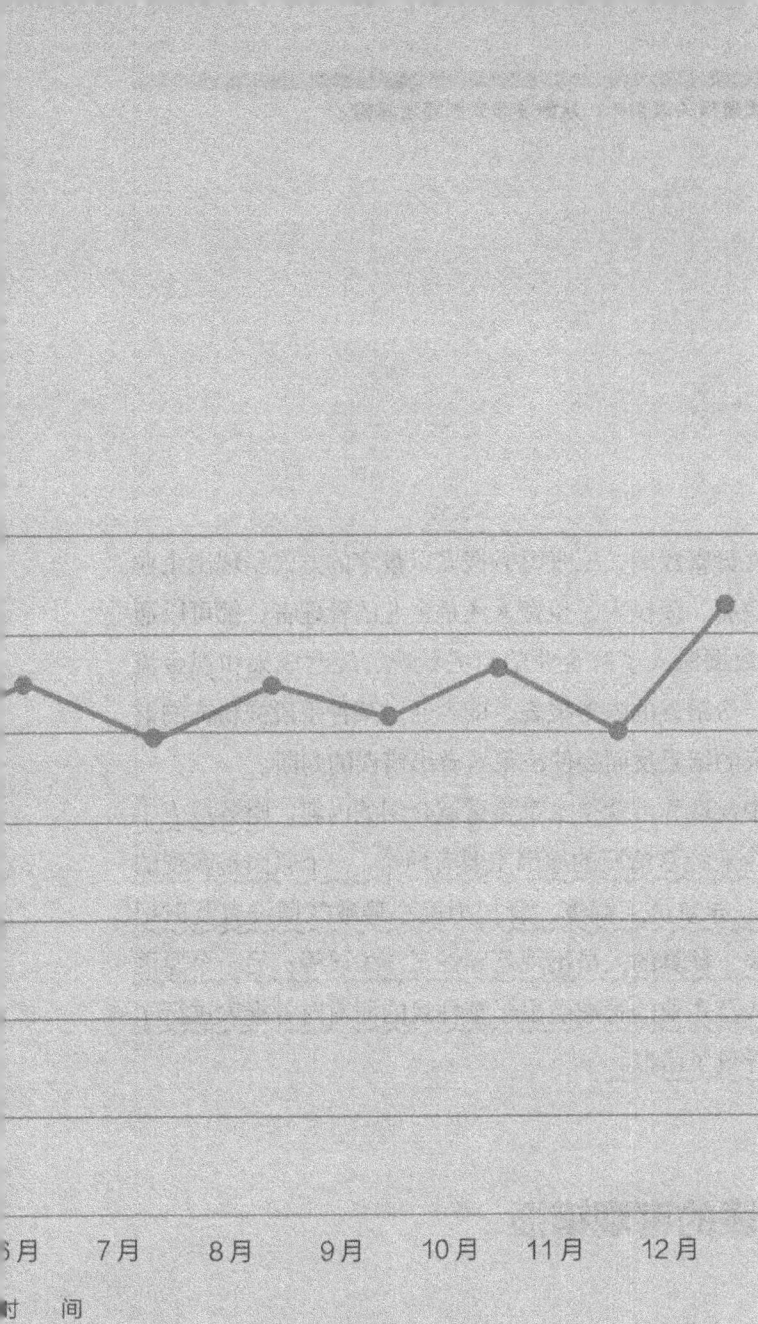

6月　　7月　　8月　　9月　　10月　　11月　　12月

时　间

财务报表的重要性毋庸置疑，三张财务报表以数字的方式呈现出企业的立体形象。无论是政府、债权人、投资人还是企业的管理者，都可以通过财务报表中提供的数据深入了解企业的财务状况、经营成果和现金流量。但如果使用的是一份错误的财务报表，或者通过某种手段被粉饰的财务报表，那么分析出来的结果反而会使决策者做出错误的判断。

如何从财务报表中发现异常就是本章将重点介绍的内容。财务报表中的数据不能真实反映企业经营情况的原因主要有两个：一个原因是客观的差错，如管理人员失职导致员工舞弊，管控力度小导致数据没有及时记录，再如参与数据归集、核算的人员出现基础性工作失误等；另一个原因则是财务报表的制作人及企业的管理层出于某种目的而对财务报表进行了粉饰，人为修改数据导致了错报。

10.1 财务报表的客观错报

在笔者从业的二十几年中，接触过众多大大小小的企业。这些企业的管理人员、老板有技术人员出身的，有销售人员出身的，但是从事财务、法律、税务专业又走上企业总经理岗位的并不多，所以大多数企业经营者未受过系统的财务知识培训。

很多企业经营者管理水平的提高，对财务知识的掌握，都是在不断的实践摸索中，从"吃亏"中历练出来的。财务报表是否能够真实地反映企

业的财务状况、经营成果和现金流量，与企业经营者的管理水平以及财务
人员的专业能力有着密不可分的关系。

10.1.1 企业管控造成的财务报表差错

企业财务报表的数据源于账簿，账簿是根据记账凭证对相同业务内容
的原始凭证的归集制作的，原始凭证几乎记载着每一笔经济业务发生的全
貌。所以原始凭证如果不及时提供，并且记载错误，那么最终生成的财务
报表也不可能正确。

如果没有企业经营者的重视和管控的决心，没有良好的治理结构和流
程，原始凭证的真实性、准确性和及时性就不能得到保证。企业管控不力
导致财务报表差错的原因主要包括三个方面。

1. 信息的及时性

财务人员的基本职能之一是以货币计量为手段，反映企业经营活动。
所以很多人会认为会计就是记账、算账、报账的，等经济活动结束了，通
知会计进行记录就行了。经济活动结束后，如手持原始凭证的人迟迟没有
将原始凭证交到财务人员手中，会导致财务人员无法及时记录。

胜利厨具的总经理赵末查看某月利润时，发现营业收入比预期多了不
少，心情顿时好了起来，但很快就感觉疑惑，随后找来财务人员进行询
问，发现是当月的一笔重大退货未进行账务处理所致。赵末对财务人员做
出严厉批评，财务人员感觉冤枉，他认为是退货手续并未及时转给他才造
成如此差错。

如果财务人员在企业经营者的支持下，严格执行超过报销期限不予
以报销的制度，那么这种延迟递交原始凭证的行为就会有所减少。另外
还有很多原始单据并不涉及报销，不能及时传递到财务人员手中，也会
造成财务数据的差错。所以如何实现内部信息传递的及时性，是内控管
理中需要特别关注的内容，一些企业会通过 ERP（ Enterprise Resource
Planning，企业资源计划）管理系统、OA（Office Automation，办公自
动化）流程控制等信息化软件实现内部信息的即时传递，这也体现了企业

内控管理的水平。

财务核算的滞后性会导致出现财务人员等到业务结束才被通知的情况。而执行业务的人又不具备全面的财务知识，对在执行业务过程中应该取得什么样的原始单据并不了解，等到业务结束被告知原始单据并不符合财务核算的要求时，已很难再重新获得正确的原始单据。同时，这也会造成业务人员与财务人员产生矛盾。

如果财务人员在企业经营者的支持下，在业务执行前就了解业务情况，将指导工作提前做到位，那么这种矛盾就会有所减少，财务核算的准确性也会有所提高。

2. 信息传递的准确性

及时传递信息固然可以提高财务核算的准确性，但如果原始凭证在传递中出现差错，仍然会造成财务报表出现差错。

胜利厨具在年末核对仓库保管账和成本时，发现材料账与库存账存在多笔余额不符的情况，差异金额高达 130 万元。最终发现有多项差错是因为单据滞留在采购人员手中，还有一些单据丢失。

原始凭证传递过程出错也是内控管理中常见的问题之一。

3. 后续监督的有效性

内部管理中，如果事事审批，不但会影响工作效率，也会影响决策效果。在不能做到事事审批的情况下，就要加强事后管控。稽核与内部审计是保证工作效率和决策效果与防范风险的最后关卡。

有效的稽核可以使实物和货币支出在预算的范围内得以控制，通过不定期和定期的实物盘点、客户和供应商之间的对账及时处理账实不符的问题，通过与备查账、材料账以及各类财务报表等的相互核对确保账账相符、账表相符。

实行内部审计制度可以在更大范围内实施监督，如果内部审计部门地位较高，直接对股东会负责，那么其不仅可以对企业的会计记录和财务报告等进行检查和监督，审查范围也可以扩大至总经理。

10.1.2　财务人员造成的财务报表差错

　　财务人员是财务报表的填制人，在财务报表的质量上发挥着极大的作用。每个企业的老板都希望能找到好财务人员。那么"好"的标准又是什么呢？人品好？能力强？态度好？在寻找财务人员这件事情上，很多企业负责人都非常谨慎，以找到既有决策高度，又能带领团队做好核算服务工作的人。

　　企业所处生命周期不同，对财务人员的要求也不尽相同。

　　创业期企业融资主要依靠股东，业务量小，企业的规模不大，仅仅利用会计记账公司就可以解决会计核算的问题。即使聘请了专职的财务人员，报表使用人对财务报表的准确性要求也并不高，对财务人员的专业能力要求也就不高，甚至很多财务人员兼职了其他工作，可以说是财务、人资、行政等全能型人员。

　　成长期企业的规模开始扩大，企业管理日益规范，需要更为准确的管理数据以制定薪酬规则。同时，成长期企业的融资渠道增加，不但会吸收新的天使投资人，也会进行股权激励以鼓励员工扩张市场，利用金融机构获得贷款支持。企业对财务信息的质量要求变高，对财务报表的编制要求增多。这个阶段企业培养的财务人员大多能跟上企业发展的速度，招聘"好"的财务人员几乎也成为很多成长期企业的痛点。

　　成熟期企业的规模稳定增长，企业管理规范，企业的融资渠道选择性更多，企业对财务信息的质量要求非常高。绝大部分决策都离不开财务人员准确地核算和精准地分析。

　　大多数企业会遵循稳健的用人原则，在企业发展较快期间，对财务人员的培训投资也会加大。随着时代的发展，"会计越老越值钱"这句话已经不再适用，没有哪行是不需要学习的，在发展越来越快的时代，各种政策的变化非常频繁，只有一直保持学习状态的财务人员才能不被社会淘汰。

　　在进行财务核算、编制财务报表时，财务人员要遵循会计的三个大原则，十三个小原则。无论遇到何种业务，这些原则都会指导财务人员准确进行会计核算。财务报表编制的准确性，与这些原则的应用情况密不可分。在评价财务人员的基本核算能力时，除了看财务人员是否具有基本的会计素养外，还要看财务人员是否能透彻理解并运用这些原则。

第一大原则是衡量会计质量的一般原则，包括客观性原则、相关性原则、一贯性原则、可比性原则、及时性原则、清晰性原则；第二大原则是确认和计量的一般原则，包括权责发生制原则、配比原则、历史成本原则、划分收益性支出和资本性支出原则；第三大原则是起修正作用的一般原则，包括谨慎性原则、重要性原则和实质重于形式原则。

10.2 财务报表的人为造假

在"不同财务报表使用者关注的角度"一节中强调过，不同的报表使用者对企业的诉求不同，因此对财务报表的关注点也不同。这也就给了企业为达到目的而粉饰财务报表的机会，如为减轻税负而实施的虚减利润等造假、为获得银行的授信额度而实施的虚增利润等造假、为骗取政府的项目资金拨款而实施的造假、为了获得投资人的投资而实施的造假、为完成业绩考核而实施的造假等。

10.2.1 以降低税额为目的的财务报表造假

税收成本是企业经营中成本费用的重要组成部分。合理降低税收成本以及税收管理成本，是企业增效的手段之一。如果企业充分利用税收优惠政策减轻企业税负，优化税收成本，这种合理合法的行为无可非议。但是有些企业却动起了歪脑筋，采用不正当的手段对财务报表进行造假，而达到偷税、漏税、减少或者推迟纳税的目的，这些伎俩其实很难逃过税务人员的审查，有很大违法风险，实务中应注意避免。

影响企业税负的主要税种包括增值税、消费税、企业所得税、房产税等。

增值税、消费税与企业的营业收入有直接关系，营业收入多，需缴纳的税就多。同时，对于一般纳税人企业来讲，增值税的计算还与取得增值税专用发票的成本费用有关，符合条件的成本费用越多，需缴纳的税就越少。

企业所得税与企业利润总额有直接关系。企业所得税根据企业所得税法的规定，通过对利润的调整计算得出应纳税所得额，从而计算出应纳税额。所以利润总额越多，缴纳的企业所得税就有可能越多。

房产税的计税依据主要是企业拥有的房地产的原始价值。

企业偷税漏税都会使用何种手段？这些手段又会影响到财务报表的哪些数据呢？

1. 隐匿收入

有些服务型行业，没有明确的实物产品对应，便将营业收入转入账外私设小金库。有些企业，将收取的货款在满足营业收入确认条件的情况下，将其作为负债挂账，不确认为当期营业收入；或者通过其他私人账户收取款项，再通过私人借回给企业使用。资金虽然回到企业，但也仍然不确认营业收入。有些按完工百分比法确认提供劳务收入的企业，在应当确认营业收入时，也不按完工百分比法确认营业收入，有意推迟确认营业收入的时间。

少计营业收入、延后确认营业收入不但可以少交增值税，还可以减少企业所得税、消费税等多种税款的应纳税额，这也是偷逃税款最常用的手法。

2. 多计成本费用

有的企业通过他人介绍虚开增值税专用发票或者普通发票，虚构业务增加营业成本。有些企业利用修改成本核算的方法，调整存货成本计入利润的时间，增加当期成本的转出。有些企业将应该计入固定资产的项目计入当期成本费用，通过修改固定资产的折旧年限、净残值率或者折旧方法来调减当期利润。

采用虚开增值税专用发票的方法不但少计算了增值税，还加大了企业成本，虚减了企业利润，减少了企业所得税的应纳税额。采用虚开增值税普通发票和其他多计当期成本费用的方法，主要影响的是企业所得税。

3. 少计房产价值

有的企业通过修改合同，将购买房产的价值做低，不但减少了契税，还减少了持有房产期间需要缴纳的房产税。有的企业自建房产，对已经开始使用的房产，迟迟不将完工在建工程结转到固定资产中核算，目的就是延迟缴纳房产税。

10.2.2 以获得银行授信为目的的财务报表造假

要取得银行贷款，首先要通过银行授信额度的审核。银行等金融机构对企业，特别是对中小私营企业的贷款有诸多限制。金融机构在对企业提供授信和贷款前，需要通过财务报表对企业的偿债能力、营运能力等进行评估。为了获得银行的高额授信，有些企业根据银行对授信指标的要求，人为调整财务报表的数据，甚至有的企业会相应修改财务账簿。

所以在授信审查的过程中，企业提供财务报表是必经程序，指标达不到要求的企业便会对财务报表进行粉饰。有位注册会计师讲述在某企业审计时，发现企业财务人员的计算机中有个专用文件夹，里面是按银行名称存放的20多套同一个月的财务报表。经询问，企业的财务人员解释说，这些财务报表就是为了获得二十几家银行的贷款，根据每个银行不同的要求单独编制的。

企业常常会通过修改财务报表中的数据来达到目的。

1. 修改与偿债能力相关的财务报表数据

与偿债能力相关的指标主要包括营运资本、流动比率、速动比率、资产负债率等。只要将偿债指标调整到银行对该行业的参考标准以上即可达到目的，通过调增资产、调减负债，或者同时调减资产和负债等方式，就可以影响多个偿债能力指标。

2. 修改与营运能力相关的财务报表数据

与营运能力相关的指标主要包括总资产周转率、存货周转率、流动资产周转率等，若要增加资产周转次数，可以通过减少资产或者增加营业收入来实现。

每个数据的变动带来的都是一系列数据指标的变化。比如资产的减少可以增强企业营运能力，但同时也会减弱企业的偿债能力。为了让两种能力同时提升，一些企业更愿意采用降低负债、提高营业收入的方式来调整财务报表。

负债往往与各种采购行为联系在一起，把应该计入成本费用的应付款项，延迟计入或者不计入企业的负债，就能达到目的。（1）将负债隐藏于关联企业，相关的利益由本企业享受的同时，由关联企业承担还款责任；（2）将应计入成本费用对应的负债，延迟入账，降低负债的同时也调高了当期利润值；（3）重大或有负债不在财务报表附注中披露；（4）将负债转入所有者权益，把需要支付的负债以无须支付的名义转入未分配利润，或者作为资本溢价转入资本公积。

营业收入的虚增与各种不能收到货币资金的销售行为联系在一起，企业通过提前确认营业收入或者虚拟收入来达到目的。

海联通建有限公司是一家从事电力信息化系统集成业务的技术企业，为获得银行授信，通过推迟奖金计入成本费用的时间来造假。一般情况下奖金在年末计提，次年才计入成本费用中。而海联通建有限公司未按照权责发生制的原则对年终奖进行计提，调整了 2021 年跨期确认的年终奖的金额，造成少计应付职工薪酬 480 余万元。

在年末，海联通建有限公司虚拟了一份销售合同，通过应收账款挂账虚增营业收入 2 800 万元，在次年又以合同未能执行为由，退回营业收入。这一操作不但没有影响税收，还在上一年度虚增了营业收入和应收账款。

10.2.3　以获得股权融资为目的的财务报表造假

企业通过股东取得初始投资开始发展，快速成长的企业还可通过吸引新的投资人吸收资金。原始股东也会因某种目的出售股权，引入新的投资人。有的企业还会通过上市来获得更多投资人的资金。与取得债权相比，企业使用股东的投资款，不需要归还本金，而且没有财务成本，有利于企业的快速发展。

吸引新的股东，就需要企业有可观的盈利能力和发展能力，而财务报表造假的成本相对较低。如果能成功上市，便会带来可观的利益，这让有些企业不惜铤而走险进行财务报表造假达到目的。因此受害的不仅是新任股东，还包括债权人等。

企业欺骗投资人时，编制虚假财务报表的手段主要有以下两种。

1. 修改与盈利能力相关的财务报表数据

与盈利能力相关的指标主要包括毛利率、销售净利率、总资产报酬率、盈余现金保障倍数等。修改与盈利能力相关的财务报表数据，就是通过一些方法把企业的利润增大、加大经营活动产生的现金流入等。

比如：与关联方合作，将本应直接销售的商品通过关联方账户进行销售，修改销售价格，将亏损计入关联方账产，用以虚增企业的营业收入和营业利润；把原本会导致利润减少的项目剔除，将本应计入营业成本、费用的业务长期挂账计入资产，不结转成本费用；将筹资活动产生的现金流入计入经营活动产生的现金流入。

2. 修改与发展能力相关的财务报表数据

与发展能力相关的指标主要包括营业收入增长率、营业利润增长率、总资产增长率，粉饰这类指标的难度较大，通常需对连续几年的财务报表同时造假。可以通过对每个年度确认营业收入时点的调整、确认费用时点的调整、确认资产时点的调整，通过报表人为改变业务发生时点来进行财务报表的粉饰。

海连建通公司为成功上市，虚构了300多个个人账户作为供应商账户，先将自有资金汇入虚构的300多个账户中作为采购款，然后再从个人账户中转入公司账户，形成虚构的营业收入入账。再通过采购和销售的循环，做到无限循环虚增营业收入；而且营业收入都以现金收款的方式完成，而不通过应收账款。

同时为了增加业务的真实性，海连建通公司还通过私刻客户假公章，编制假银行单据、假出库单等方式，使虚增的营业收入看起来合理，并且很难通过书面资料判断营业收入的虚实。同时海连建通公司还缴纳了大量税额，以使虚增的销售额看上去更加真实。

部分真实的业务还利用"阴阳合同"造假，在公开的合同上注明营业收入是 10 000 万元，但秘密合同上却约定实际货款为 5 000 万元，另外 5 000 万元虚挂，这样就虚增了 5 000 万元的营业收入。

10.2.4 以获得不当利益为目的的财务报表造假

企业的管理层为获得不当利益，也会采取对财务报表造假的手段来达到目的。比如企业管理层迫于业绩考核压力，为了获得更高的业绩奖金而进行财务报表造假。再如企业管理层为了离任后，隐藏在任期间的问题而进行财务报表造假；企业管理层为隐瞒挪用、贪污等非法行为而进行财务报表造假。

考核企业的经营业绩，一般总是要求以财务指标为基础，例如投资回报率、资产周转率、销售利润率等，这些都是经营业绩的重要考核指标。这些财务指标的计算，都要涉及会计数据。所以根据考核指标来进行相关数据的调整，也是管理层的惯用方法。

几乎所有的指标都会涉及利润，管理层往往会采用调整营业收入、转移或者虚计成本费用的手段。

1. 调整营业收入

虚构成交业务或者提前确认营业收入的手段有很多。比如虚开发票，虚增赊销的营业收入，先将货款计入应收账款，等以后再作为坏账处理，或者在期后利润较多的年度做退货处理；将商品运至异地，以出库单和运输单据为依据确认营业收入；通过售后回购或者售后回租的方式确认营业收入等。

有的时候业绩较好，为了将业绩转移至下一个报告期，管理层也会隐瞒收入。比如在商品已经销售达到确认营业收入条件时，将收到的货款计入其他应付款或者应付账款，或者将款项转入企业其他账户暂存，待时机成熟再确认营业收入。

2. 转移或者虚计成本费用

管理层会通过减少成本费用达到实现利润虚增的目的。比如：将已经发生的成本费用计入长期待摊费用、其他应收款等，长期挂账；明确无法收回的应收账款、其他应收款不确认、不披露，造成企业的"潜亏"；结转产品营业成本时，故意改变结转方法少转营业成本；通过改变固定资产折旧的年限、预计净残值等少计提折旧，甚至不提折旧。

有的时候业绩较好，管理层也会故意加大成本费用的结转额度以减轻业绩压力。通过改变会计政策和会计估计方法等手段来多结转成本费用，购买发票虚计费用，预提下一报告期的费用等。

10.3 财务报表造假诡计的识别

财务报表能够给报表使用人提供决策的重要依据，但如果不能识别错报，那么做出来的决策很有可能给报表使用人带来重大损失。

如何确定财务报表是否值得信赖呢？首先要排除客观的差错带来的影响，再利用经营信息推断财务报表的合理性，通过财务指标变化识别诡计，当确定基本可信赖程度较高时，就可以根据财务报表做出决策。

10.3.1 推断财务报表可靠性的简易方法

通过财务报表的获取渠道、企业提供财务报表的速度可以初步判断企业财务报表的可靠性。企业粉饰财务报表会基于某种特定的目的，如果报表使用人获得了企业在达到此目的前就形成的财务报表，那么企业既没有机会，也没有时间造假。可以通过以下方法快速确定财务报表的可靠性。

1. 企业有信誉高的监管机构

从造假的成本来看，上市企业不但面临证监会和交易所的双重监管，由于上市企业的财务报表对外公开，还要接受所有人全方位的监督，造假成本太高。而非上市企业则没有特别监管的部门，财务报表的私密性也较强，这为企业的财务报表造假提供了一定可能。

2. 企业的财务报表经过审计

通常，经过会计师事务所出具审计报告的财务报表，可靠性较高。企业如果要求会计师事务所配合出具虚假报告，不仅风险高，造假所需要的成本也很高。而且会计师事务所出于法定责任的约束，一旦出具虚假报告，会计师事务所也要承担一定的责任。

3. 局部真实交易的高吻合性

报表使用人查看企业财务报表时，都会有特定的目的，所以本身对企业有所了解。根据自己所熟悉的情况，在财务报表中查看相应的变化。比如通过相关网站，可以看到企业是否存在对外投资，如果企业存在对外投资，但企业的财务报表的长期股权投资却没有数据，就可以发现企业的财务报表存在账实不符的情况，进而推断财务报表的可信度有问题。

4. 财务报表附注披露的全面性

财务报表附注包含了对财务报表信息的解释和说明。报表使用人在分析财务报表时，可通过财务报表附注提供的内容进行辅助性的判断，以正确理解指标的变化。财务报表附注提供的信息量越大，越有助于报表使用人了解和分析企业。

对外公开报送的财务报表只有一套，看财务报表的人却心思各异。每个人站在不同的角度，会有不同的想法，也导致有些企业不敢披露太多信息。对于企图篡改财务报表数据的企业，更是不敢多披露财务报表附注的信息。敢于全面披露财务报表附注的企业就显得弥足珍贵。

10.3.2　排除客观差错带来的影响

在使用财务报表进行决策前，第一步是要确定财务报表的基本逻辑是正确的，也就是排除非主观因素造成的财务报表差错。

1. 查看资产负债表是否平衡

资产负债表的平衡关系：资产＝负债＋所得者权益。如果出现不平衡时，这张财务报表就违反了基本的会计逻辑。

2. 查看资产负债表与利润表的勾稽关系

（1）资产负债表的期末未分配利润＝资产负债表的期初未分配利润＋利润表中的净利润。

注意，这个等式适用于没有分配利润和计提盈余公积的情况。

（2）资产负债表的期末未分配利润＋资产负债表的期末盈余公积＝资产负债表的期初未分配利润＋资产负债表的期初盈余公积＋利润表中的净利润。

注意，这个等式适用于尚未分配利润，但是计提了盈余公积的情况。

（3）资产负债表的期末未分配利润＋资产负债表的期末盈余公积＋所有者权益变动表中的对所有者（或股东）的分配＝资产负债表的期初未分配利润＋资产负债表的期初盈余公积＋利润表中的净利润。

注意，这个等式适用于分配了利润和计提了盈余公积的情况。

3. 查看资产负债表与现金流量表的勾稽关系

资产负债表的期末货币资金＝现金流量表中的期末现金及现金等价物余额。

资产负债表的期初货币资金＝现金流量表中的期初现金及现金等价物余额。

若资产负债表中短期借款发生变动，但是在现金流量表中筹资活动产生的现金流量中没有相应的金额。排除了企业填写错误的原因，那么就有可能是企业在粉饰现金流量表中的筹资活动，将相关业务计入经营活动，以增加经营活动产生的现金流量。

4. 查看各种报表数据中的负数

三张财务报表中，只有几个特殊的报表项目会出现负数，如果在不应该出现负数的项目中出现负数，那么错报的可能性较大，应该先退回报表做完基础修改后再使用。

（1）应收类、应付类款项。

应收类、应付类款项又被称为往来款，包括应收账款、预付款项、其他应收款、应付账款、预收账款、其他应付款等。这些报表项目大多与会计科目对应，很容易混淆。在会计科目核算中，科目中出现负数余额是比较正常的现象。

比如，应收账款为正数表示赊销尚未收回的款项；而出现负数则表示对方多给了销售款，希望企业以后再购买更多货物，相当于是预收账款。在会计核算时，不需要将负数调整为预收账款，但在编制财务报表时需要将负数余额的应收账款计入资产负债表的预收账款。

所以即使往来款在会计科目明细核算中出现了负数，在财务报表中也不会出现负数。对应关系为应收账款与预收账款对应，应付账款与预付账款对应，其他应收款与其他应付款对应。

（2）财务费用。

财务费用核算的是企业的利息净支出、手续费、汇兑损益等，如果企业没有贷款形成的利息支出，大部分情况下存款利息收入较多就会导致财务费用为负数。

（3）其他与经营活动有关的现金流出。

其他与经营活动有关的现金流出包含的内容较多，但绝不会出现负数。一旦出现负数，多半是因为这个数据是倒挤的。此时，现金流量表不是根据企业现金的实际流入与流出编制的，而是通过资产负债表的期初数和期末数，加上利润表中的相关数据进行倒算编制的。这种情况下，编制的现金流量表的可信度非常低。

10.3.3　利用经营信息推断财务报表的可靠性

既然财务报表能够如实反映企业的财务状况、经营成果和现金流量，那么财务报表的数据就应当与企业真实情况一致。所以，我们可以通过判断企业的造假动机、造假目的，根据企业所处的环境推断财务报表的可靠性，也可以根据企业局部的真实经营活动，反观与财务报表的吻合性，来判断财务报表的可靠性。

1. 亲临现场

现场核验是一种行之有效的办法，这种直接的观察可以让报表使用人更深刻地理解财务报表中反映出来的数字。假如财务报表中反映存货有几百万件，但是亲临现场看到的却是空空的场地，就能判断企业存在造假行为，这种对财务报表的验证就是最直接的。

报表使用人可在条件允许的情况下，去现场观看企业的生产线，观察其产能、库存等，甚至可以通过保安了解货物进出的情况等。企业的重要资产是否存在，是否值那么多钱，比如企业财务报表中固定资产规模很大，财务报表附注中表明有大量房产，就可以通过现场核验查看房产的情况等。

亲临现场是较为实用的办法之一。

2. 往来款额度异常

往来款中的其他应收款与其他应付款是包容性最强的资产和负债项目，这两个项目与销售收款、采购付款业务的关联较少，引起的连锁反应较小。但是同样可以通过调节资产、负债的额度，影响各种分析指标。对于非正常的经营活动，也往往会积累到这两个财务报表项目中，比如抽逃的出资往往会在其他应收款中核算，不合法的民间借贷也会集中在其他应付款中核算。

若应收账款长期挂账则表明企业可能存在坏账，而长期挂账的应付账款又有可能是虚开发票造成的。如果企业难以解释清楚这些财务报表项目，财务报表被粉饰的可能性便增大了。

3. 税负的变化异常

企业基于某种目的对财务报表进行造假的前提是，造假成本与造假带来的收益是匹配的。如果造假成本过高，企业造假的目的等于没有实现，按下葫芦浮起瓢是企业得不偿失的决定。企业在造假时，税金的真实缴纳是较难绕过的一道关。

如果企业虚增利润，那么企业所得税也会有所增加，如果税负没有增加，又没有减轻税负的合理理由，那么财务报表造假的可能性较大。

如果企业虚增房地产等固定资产，那么管理费用中的房产税、土地使用税会大幅度增加，如果管理费用没有明显增加，企业又没有偷、漏税行为，也可能存在财务报表造假。

同时，增值税与企业产品增值额相关，也就是与企业的毛利率有一定关系，但是需要剔除购买固定资产等对当年增值税影响较大的特殊情况进行分析。

10.3.4　利用财务指标变化识别诡计

要想做出一份完全符合报表使用人要求的财务报表，并不是一蹴而就的事情。每一笔经济活动都同时影响着两个或两个以上的会计科目，资产负债表的平衡关系永远都不会被打破。企业财务报表是一个有机整体，各张财务报表之间是相互联系的，三张财务报表的信息相互交错，财务报表之间的勾稽关系紧密。在这样错综复杂的数据网络中，往往调整一个数据，其他数据也会受到相应的影响。

通常，大多数报表使用人并没有接受过专业财务知识的系统培训。但是通过本书的介绍，可以基本了解财务报表每个项目所代表的基本含义，以及三张财务报表之间的关系。那么只要懂得"加""减"即可以利用财务报表的数据进行分析，识别企业财务报表的造假诡计，可以通过财务指标变化的异常情况结合企业真实的业务，来对财务报表进行识别。

一般情况下，在对企业的财务报表进行指标分析时，企业自身的财务特征与行业的财务特征是趋同的，那些严重偏离行业指标均值的，与同行业其他企业的同类指标有较大差异的，都需要特别关注。第 9 章中，重点介绍了 4 类行业财务指标的特点可以参考。可通过对同行业上市公司公开的财务报表进行数据分析，获得参考值，也可以根据行业协会公布的数据进行分析，若存在的差异较大，就要对企业的财务报表持有怀疑的态度。

此外，也可通过与企业所处生命周期的特点相符的指标情况是否出现异常来判断企业财务报表是否存在造假。比较企业历史数据，观察企业所处的生命周期，再看企业各项财务指标的变动情况，发现企业指标异常时，先排除会计差错并和企业经营情况进行比对，再做出是否存在人为造假的判断。